はじめに

中高生のみなさんへ

　性教育とは、自分の人生を自分でつくるために必要な知識・態度・スキルを学ぶための学問です。

　自分を知り、自分を大好きになること。人との違いを認め合うこと。性に関するいろいろな選択肢を知り、自分の人生をつかみ取ること。自分を大切にすることと同じくらい、誰かを大切にできること。

　みなさんがそんな気持ちをもっている社会なら、居心地がよいと思いませんか。

　居心地よく過ごすためには、みなさんが共通のルールを理解することや、さらに一歩進んで、「人は一人ひとり違うんだ」という共通の認識をもつことが必要です。いろいろな家族がいて、いろいろな生活環境があります。大事にしていることはもしかしたら一人ひとり違うかもしれません。共通のルールを守りながら、互いの違いを認め合うことは、簡単なことではないかもしれません。

　性教育においては、正解を覚えるだけではなく、ほかの人がどんなことを考えているのかを共有しながら、学ぶことが大切です。一人ひとりが自分の考えを大事にできることが、自分の人生をつかみ取ることにつながります。性教育を学ぶことは、とってもヘルシーなことです。性教育を学ぶことで、一人ひとりがハッピーな未来をつかみとることを祈っています。

高橋幸子

① 本書の特徴

　本書は、中学生・高校生向けに教員や保護者が性教育を行うためのワークブックです。性教育をはじめて扱う先生や、ご自身が性教育を受けた経験があまりない先生も、生徒と共に学び合えることを目的として構成しています。

　身近な大人から性について学ぶことは、中高生にとって性をより身近な、ポジティブなものとしてとらえるきっかけとなります。保健体育や道徳、家庭科、特別活動、学級活動など、さまざまな活動を通じて活用していただくことを願っています。

② この巻で身につくこと

- 自分や他人のからだを大切にすること
- 「プライベートゾーン」「バウンダリー」とは何か
- 思春期のからだと心の発達
- 妊娠・出産のしくみとプレコンセプションケア
- 性感染症の予防・検査・治療
- 人間の性行動の特徴
- 避妊と性行為のリスク
- 性や子どもを産むことに関する権利 (セクシュアル・リプロダクティブ・ヘルス / ライツ)
- 悩みがあるとき、被害に遭ったとき、どんなサポートがあるのか

※性の多様性、人間関係、からだの権利、心身の安全確保に関しては同時刊行の「性の多様性と人間関係編」で取り上げます。あわせて学習することをおすすめします。

③ 本書の使い方

　本書は、授業等で使用する目的の場合には、繰り返しコピーして使うことができます。本書には中学生向け、高校生向け両方の内容が入っています。1冊通して学習することもできますし、生徒の発達段階、学校や地域の事情、授業に割くことのできる時間に応じて、先生が必要な部分のみを選択し、コピーして使用することもできます。

注意

暴力や性のことに触れて生徒がつらいと感じるときには休んでもいいと事前に伝えておいてください。

④ 本書の構成

本書は、1項目につき4ページで構成されています。

授業の導入としても使用できるクイズを掲載しています。

生徒に伝える際のポイントを示しています。

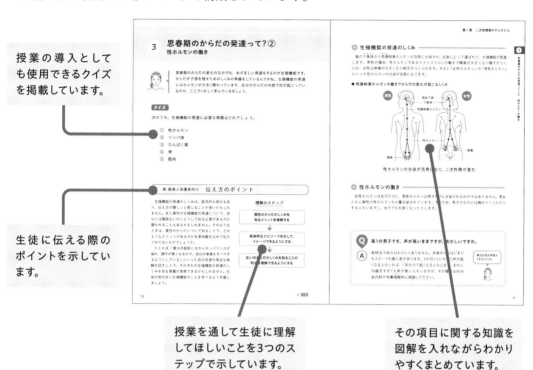

授業を通して生徒に理解してほしいことを3つのステップで示しています。

その項目に関する知識を図解を入れながらわかりやすくまとめています。

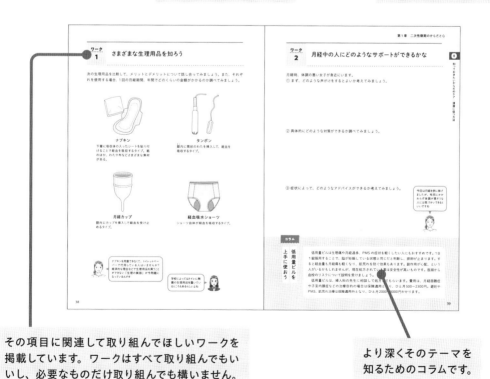

その項目に関連して取り組んでほしいワークを掲載しています。ワークはすべて取り組んでもいいし、必要なものだけ取り組んでも構いません。

より深くそのテーマを知るためのコラムです。

　みなさんは、「性」についてどのようなイメージをもっていますか。エロいこと、下ネタ、恥ずかしいことというイメージがあるかもしれません。しかし、この本で学ぶ「性教育」における「性」は、とても広い範囲を指し示す言葉です。自分のからだを大切にすること、同じようにほかの人のからだも尊重すること、困ったときには誰かに相談してもいいということ、このようなことも「性」には含まれます。

　からだも心も発達する思春期のみなさんのなかには、さまざまな悩みがある人もいると思います。正しい知識を身につけることで解決できたり、より快適に過ごせるようなこともあります。ここでは、先生と共に「性」とは何かについて、学んでいきましょう。

気をつけること

● 思ったことを発言する場です。他人の発言を否定したり、からかったりしないでまずは受け止めることを心がけましょう。ネガティブな発言があったとしてもまずはみんなで受け止めて考えてみましょう。

● 答えたくない、話したくない、書き込みたくないことがあったら無理にする必要はありません。

● 暴力や性的なことにふれてつらくなったら休みましょう。授業の前でも、途中でもかまいません。

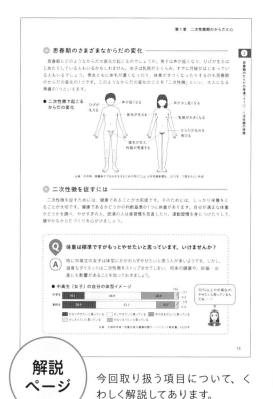

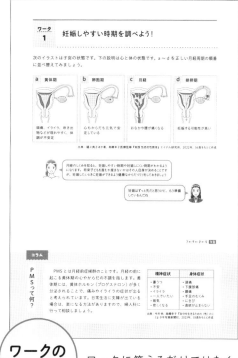

解説ページ 　今回取り扱う項目について、くわしく解説してあります。

ワークのページ 　ワークに答えるだけではなく、思ったこと、感じたことを書き込んだり、話し合いのときにほかの人の発言を書き留めるメモとしても利用しましょう。さらにくわしく知りたいときには、コラムを参照しましょう。

この本でともに学ぶ仲間たち

ひろと　　さくら　　まこと　　ローリー　　たくみ

目次

第1章　二次性徴期のからだと心

第2章　生殖

第3章　性感染症の予防

第4章　性行為と避妊

第1章　二次性徴期のからだと心

1　思春期の自分のからだを大切にしよう
プライベートゾーンとバウンダリー

 みなさんは、「思春期」という言葉を聞いたことはありますか？　中高生のみなさんは、人間の発達段階でいうと「思春期」という時期になります。この章では思春期のみなさんのからだと心について学んでいきますが、その特徴を知る前に、まずは自分のからだを大切にすることの大切さを学んでいきましょう。

クイズ

次のうち、思春期に当てはまるのはどれでしょうか。（複数あります）

- ①　小学校6年生
- ②　中学校1年生
- ③　中学校2年生
- ④　中学校3年生
- ⑤　高校1年生

■ 教員と保護者向け　**伝え方のポイント**

　人間の発達段階でいうと思春期に当たる中高生は、からだも心も大きく変化する年ごろです。生徒のなかには、人と自分とを比べて、成長ペースにとまどいを感じたり、誰にも相談できずに思い悩んだりしている人もいることでしょう。まずは思春期の心身の成長には大きな個人差があることを伝えましょう。

　そして、これから思春期の心身の変化の特徴を具体的に学ぶにあたって、自分のからだは自分のものであり、自分で大切にできるということ、同じように他人のからだを尊重することの大切さを伝えましょう。自分の心身を守るための他者との境界線「バウンダリー」について説明しましょう。

理解のステップ

> 思春期とはどういう
> 時期なのか理解する

> 思春期の成長ペースには
> 大きな個人差があることを理解する

> 今の自分のからだは自分のものであり、
> 自分で大切にできることを理解する

思春期とは？

　人間には大人になるまで急激に発育する時期が2度あります。2度目の発育過程を「第二発育急進期」といい、思春期とほぼ一致します。思春期は、子どもから大人へ変わる時期に当たります。時期は人によって異なりますが、おおよそ8、9歳から18歳くらいまでを指します。思春期には、多くの器官が発達しますが、特にこの時期著しく発育するのが、生殖機能です。生殖機能が16歳以降急激に成長することが下の図からもわかります。

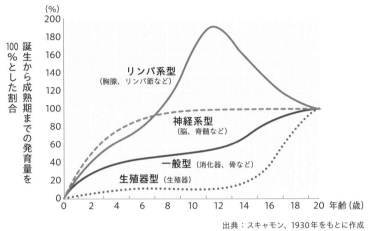

● スキャモンの発育曲線

出典：スキャモン、1930年をもとに作成

思春期の成長ペースには個人差がある

　思春期のスタートには大きな個人差があり、生殖機能の発達過程も人それぞれです。早い人は小学校中学年からはじまり、遅い人は高校生以降にはじまることもあります。いずれにせよ、自分でコントロールできるものではないので、人と比べて落ち込んだりせずに、個人の成長ペースを尊重することが、自分や他人のからだを大切にすることにつながります。

自分のからだは自分のもの

　自分のからだは誰のものでしょうか。親から授かったからだですから、「親のもの」と答える人もいるかもしれませんが、それは違います。自分のからだは自分のもので、ほかの誰のものでもありません。誰しも自分のからだのことを自分で決める権利をもっています。成長が早い人も遅い人もいます。他人のからだの成長をからかったり、からからかわれたりすることはあってはならないことです。

からだのなかでも特に大切な部分「プライベートゾーン」

　からだのなかで勝手にさわられたくないパーツはどこですか。水着で隠れる場所、胸と性器とおしりと答える人は多いのではないでしょうか。それに加え、唇も挙げられるのではないでしょうか。この4つのパーツをまとめて「プライベートゾーン」といいます。からだのすべてが大切ですが、なかでも生殖やからだの内部につながる特に大切な場所です。

「バウンダリー」のことを知ろう

他人が許可なく勝手にふれてはいけない部分は、プライベートゾーンだけに限りません。「バウンダリー」とは「境界線」という言葉の英語訳ですが、ここで取り上げる「バウンダリー」とは、自分の心身を守るために、他人との間に境界線をひくことを指します。その境界線は自分で決めるものであり、同じように相手にも相手の境界線があることを知る必要があります。人それぞれ境界線は異なることを理解して、お互いの境界を尊重し合いましょう。

ひと口にバウンダリーといってもその種類はさまざまです。からだはもちろんのこと、空間や時間、情報、価値観や考え方といった心のバウンダリーも含みます。自分の境界線を曖昧なままにしていると、相手が立ち入ってきたときに「YES」「NO」がいえません。自分のバウンダリーがどこにあるかをはっきりさせておくと、トラブルを回避しやすくなります。また、自分のバウンダリーと同じように他人のバウンダリーを守りましょう。

バウンダリーについて、まわりの人と話し合ってみましょう。

バウンダリー	例
からだのバウンダリー	手はいいけれど、髪の毛はさわられたくない。
空間・時間のバウンダリー	自分の部屋に勝手に入られたくない。この時間帯は誰にも邪魔されたくない。
情報のバウンダリー	インスタグラムのアカウントは教えてもいいけれど、LINE のアドレスは教えたくない。
心のバウンダリー	自分が大切にしている価値観や考え方を否定されたくない。

友だちであってもからだにはふれられたくないな

親であっても部屋には入られたくないよね

LINE のアドレスを教えてってあまり親しくない人にいわれて嫌だったことあるな

ワーク 2 「同意」ってどうやって確認するの？

「踏み込んでもいい」「さわってもいい」という「同意」はどうやって確認すればいいのでしょうか。下のワークに取り組んでみましょう。

用意するもの：YES/NO チャート、紅茶などの飲み物

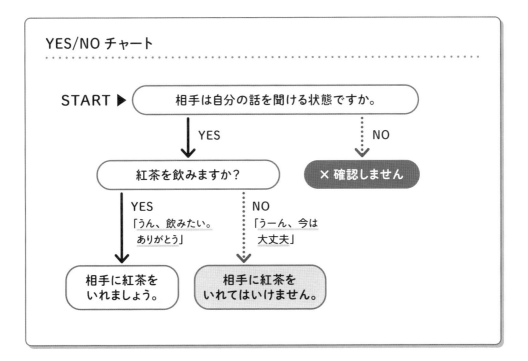

YES/NO チャート

START ▶ 相手は自分の話を聞ける状態ですか。

YES → 紅茶を飲みますか？

NO → × 確認しません

YES「うん、飲みたい。ありがとう」→ 相手に紅茶をいれましょう。

NO「うーん、今は大丈夫」→ 相手に紅茶をいれてはいけません。

「紅茶」は自分のからだを、「紅茶をいれる行為」は自分のからだに相手がふれることを表しています。相手に紅茶をいれてよいか確認をし、もし同意がとれたら、紅茶をいれても OK。ただし、相手が自分の話を聞ける状態ではない場合は、そもそも紅茶をいれてはダメですよ

相手の好意に「NO!」というのは難しいね

 日ごろから「NO!」という訓練も必要だね

「NO!」をいわれた側の受け止める準備も必要ですね

思春期のからだの発達って？①
二次性徴の特徴

思春期は心身が劇的に変化する時期です。変化の大きさに戸惑い、「自分のからだはおかしいのでは？」と不安にかられ、ストレスを抱えてしまう人もいそうですね。ここでは思春期のからだの変化について学び、みなさんの悩みや不安を解消していきましょう。

クイズ

次のうち、思春期に起こるからだの変化はどれでしょうか？（複数あります）

① 体臭が強くなる
② 体毛が濃くなる
③ ニキビができる
④ 胸がふくらむ
⑤ 身長が伸びる

■ 教員と保護者向け　伝え方のポイント

中高生にとってからだの話題はデリケートです。突然声変わりをして友だちにからかわれたり、体型のことでからかわれて嫌な思いをした経験がある生徒もいるでしょう。他人の外見の特徴や、からだの変化についてからかってはならないということを、はっきり伝えましょう。

他人をからかうことだけでなく、たとえほめようとする意図であっても外見だけで人を評価することは、ルッキズム（外見至上主義）であり、避けるべきことです。からだの特徴や変化は個性であり、一人ひとり違うのが当たり前です。外見で他人を評価することはよくないことだと生徒たちに理解してもらいましょう。

理解のステップ

思春期はからだが変化する時期であり、からだの話題はデリケートであると話す

他人のからだの特徴や変化をからかってはいけないことだと伝える

外見で人を評価することはすべきことでないと理解させる

思春期のさまざまなからだの変化

　思春期にどのようなからだの変化が起こるのでしょうか。男子は声が低くなり、ひげが生えはじめたりしている人もいるかもしれません。女子は乳房がふくらみ、すでに月経（生理）がはじまっている人もいるでしょう。男女ともに体毛が濃くなったり、体臭がきつくなったりするのも思春期のからだの変化の1つです。このようなからだの変化のことを「二次性徴」といい、大人になる準備の1つといえます。

● 二次性徴で起こる
　からだの変化

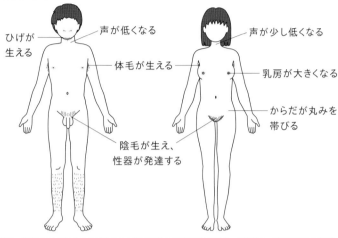

出典：今井伸、高橋幸子『自分を生きるための性のこと』少年写真新聞社、2013年、11頁をもとに作成

二次性徴を促すには

　二次性徴を促すためには、健康であることが大前提です。そのためには、しっかり栄養をとることが大切です。健康であるかどうかの判断基準の1つに体重があります。自分が適正な体重かどうかを調べ、やせすぎの人、肥満の人は食習慣を見直したり、運動習慣を身につけたりして、健やかなからだづくりを心がけましょう。

 体重は標準ですがもっとやせたいと思っています。いけませんか？

 特に中高生の女子は体型にかかわらずやせたいと思う人が多いようです。しかし、過度なダイエットは二次性徴をストップさせてしまい、将来の健康や、妊娠・出産にも影響があることを知っておきましょう。

● 中高生（女子）の自分の体型イメージ

	かなりやせたい	少しやせたい	今のままがよい	少し太りたい	かなり太りたい
中学生	19.1	48.9	28.0	3.7	0.3
高校生	28.9	52.2	15.7	2.8	0.4

50%以上の中高生が、やせたいと思っているんだね……！

出典：文部科学省「児童生徒の健康状態サーベイランス報告書」2020年

ワーク 1 | 自分の標準体重を知ろう

15歳以上のみなさんは、下の計算式「体格指数（Body Mass Index：BMI）」を算出する計算式で、自分の身長と体重のバランスを調べてみましょう。

BMI ＝（体重）kg ÷ {（身長）m ×（身長）m} ＝（　　　）

体型の目安	BMI 指数の範囲
やせ型	18.5未満
ふつう	18.5以上25.0未満
肥満型	25.0以上

ダイエット中の人もいるかもしれませんが、1か月に3kg以上落とすような極端なダイエットは禁物です。ホルモンバランスが崩れて、月経がこなくなることもありますよ

BMIが18.0でやせ型になっちゃった

➡ BMIは22がいちばん健康的な数値です。

BMI18.5未満の人は、まず18.5を目指しましょう。

生理が止まってしまったのは、ダイエットのせいかも……

イギリスではBMI18.5以下のモデルは表紙を飾れないんだって！

参考 日比式肥満度判定方法（14歳まではこちらで計算しましょう）

標準体重 (kg) ＝ 係数1 × 身長 (cm)3+ 係数2 × 身長 (cm)2+ 係数3 × 身長 (cm)+ 係数4
肥満度 (%) ＝ {実測体重 (kg)- 標準体重 (kg)} ÷標準体重 (kg) × 100

性別	係数1	係数2	係数3	係数4
男子	0.0000641424	-0.0182083	2.01339	-67.9488
女子	0.0000312278	-0.00517476	0.34215	1.66406

「やせすぎ」：肥満度 -20% 未満
「やせぎみ」：肥満度 -20% 以上〜 -10% 未満
「普通」：肥満度 -10% 以上〜 10% 未満
「太りぎみ」：肥満度 10% 以上〜 20% 未満
「肥満」：肥満度 20% 以上

ワーク 2　自分の悩みを分析してみよう!

からだの変化や悩みは人それぞれ異なりますが、誰しも何かしらかの悩みを抱えています。ですから「こんなことで悩んでいるのは自分だけ?」と思わずに、悩みに向き合ってみましょう。

① 今どのようなからだの悩みを抱えていますか。チェックしてみましょう。

☐ もっとやせたい　　　☐ 毛深い　　　　　　☐ 胸が大きい

☐ もっと太りたい　　　☐ 生理痛がつらい　　☐ 胸が小さい

☐ 背が高い　　　　　　☐ 生理が不規則　　　☐ その他

☐ 背が低い　　　　　　☐ 肌荒れ

☐ 自分の匂いが気になる　☐ 性器の形や大きさが気になる

② からだの悩みについて調べてわかったことを書いてみましょう。

> 自分だけじゃなくてみんなも悩んでるって知ったら少しラクになったかも

③ 今回はじめて知ったこと、感じたことを書いてみましょう。

3 思春期のからだの発達って？②
性ホルモンの働き

思春期のからだの変化のなかでも、めざましい発達をするのが生殖機能です。からだが子孫を残すためのしくみの準備をしているんですね。生殖機能の発達にはホルモンが大きく関わっています。自分のからだの内部で何が起こっているのか、ここでくわしく学んでいきましょう。

クイズ

次のうち、生殖機能の発達に必要な物質はどれでしょう。

① 性ホルモン
② リンパ液
③ たんぱく質
④ 骨
⑤ 筋肉

■ 教員と保護者向け　伝え方のポイント

　生殖機能の発達のしくみは、医学的な部分もあり、伝え方が難しいと感じることが多いかもしれません。また異性の生殖機能の発達について、自分には関係ないのにどうして知る必要があるのか聞かれることもあるかもしれません。そのようなときは、異性のからだについて知ることで、どのようなメリットがあるのかを実体験を込めて伝えてみてはいかがでしょうか。

　たとえば、「妻は月経前にはホルモンバランスが崩れ、調子が悪くなるので、自分が家事をすべてするようにしている」といった自分自身の身近な体験を話すことで、それぞれの生殖機能の発達のしくみを知る意義が実感できるかもしれません。生徒が前向きに生殖機能のことを学べるよう支援しましょう。

理解のステップ

> 異性のからだのしくみを
> 知るメリットを理解する

> 具体的なエピソードを示して、
> イメージできるようにする

> 互いのからだのしくみを知ることの
> 利点を理解できるようにする

生殖機能の発達のしくみ

　脳の下垂体から性腺刺激ホルモンが活発に分泌され、血液によって運ばれて、生殖機能が発達します。男性の場合、性ホルモンであるテストステロンの働きで精巣が大きくなり精子がつくられ、女性は卵巣が大きくなり卵子がつくられます。すると「女性ホルモン」や「男性ホルモン」といった性ホルモンの分泌が活発になります。

● 性腺刺激ホルモンの働きでからだの変化が起こるしくみ

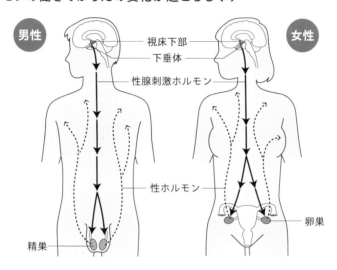

男性　女性　視床下部　下垂体　性腺刺激ホルモン　性ホルモン　卵巣　精巣

性ホルモンの分泌が活発になり、二次性徴が進む

性ホルモンの働き

　女性ホルモンは女子だけに、男性ホルモンは男子だけに分泌されるわけではありません。男女ともに異性の性ホルモンも少量分泌されています。そのため、男子のなかには胸がふくらんだりする人もいますし、女子でも毛深くなったりします。

 高1の男子です。声が高いままですが、おかしいですか。

 高校生であればおかしくありません。声変わりのはじまりもスピードも個人差があります。3か月くらいかけて声が低くなる人もいれば、1年かけて低くなる人もいます。まれに18歳をすぎても声が高い人もいますが、その場合は内分泌内科や耳鼻咽喉科に相談してください。

実は女性も声変わりするんですよ

性ホルモンについて調べてみよう

次のホルモンについて、つくられる場所と働きを調べてみましょう。

• 成長ホルモン

つくられる場所（　　　　　　　　　　　　　）　　　働く場所（　　　　　　　　　　　　　）

ホルモンの働き（　　　　　　　　　　　　　　　　　　　　　　　　　　　　　　　　　　　）

• オキシトシン

つくられる場所（　　　　　　　　　　　　　）　　　働く場所（　　　　　　　　　　　　　）

ホルモンの働き（　　　　　　　　　　　　　　　　　　　　　　　　　　　　　　　　　　　）

• エストロゲン

つくられる場所（　　　　　　　　　　　　　）　　　働く場所（　　　　　　　　　　　　　）

ホルモンの働き（　　　　　　　　　　　　　　　　　　　　　　　　　　　　　　　　　　　）

• テストステロン

つくられる場所（　　　　　　　　　　　　　）　　　働く場所（　　　　　　　　　　　　　）

ホルモンの働き（　　　　　　　　　　　　　　　　　　　　　　　　　　　　　　　　　　　）

• プロゲステロン

つくられる場所（　　　　　　　　　　　　　）　　　働く場所（　　　　　　　　　　　　　）

ホルモンの働き（　　　　　　　　　　　　　　　　　　　　　　　　　　　　　　　　　　　）

コラム

性は「からだの性」だけでないことに注意！

　ここまで説明をしてきた「男性」「女性」というくくりは、主に外性器の違いによって他人から区別される性、つまり「生物学的な性（からだの性）」のことです。性には、「からだの性」以外にも「性的指向（Sexual Orientation）」「性自認、心の性（Gender Identity）」「性表現（Gender Expression）」があります。これらを合わせて「ソジー（SOGIE）」といいます。性の形は人の数だけあり、簡単に男女で分けられるものではありません。性の話をするときには、そのことに留意しながら話すことが大切です（→本書の同シリーズ「性の多様性と人間関係編」参照）。

ワーク 2　自分の生活習慣を見直してみよう

性ホルモンの分泌を促すには健康的な生活習慣が大切です。いつもの自分の1日のスケジュールを下の表に書き入れてみましょう。

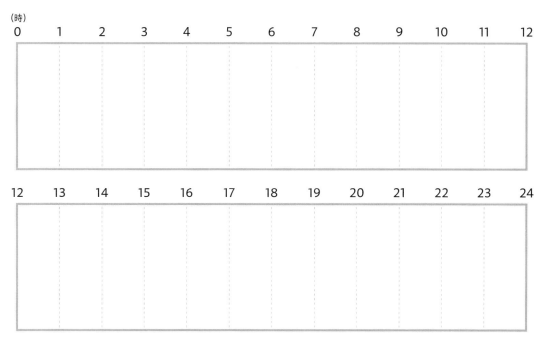

① 自分の生活は、健康な生活といえるでしょうか。

② 生活習慣のなかで、見直すべきところはあるでしょうか。

あらためて書いてみると睡眠時間が少なすぎた!!

食事を抜くことが多いから、気をつけなきゃ……

4 からだの変化だけではないの?
思春期の心の発達とメディアの影響

気分の浮き沈みがある人はいますか? または、異性を意識するようになったり、「誰かとふれ合いたい」といった衝動にかられたりしたことはありませんか。性ホルモンが活発になると、からだだけでなく心も変化していきます。ここでは、思春期の心の発達と、メディアとの関わりについて見ていきましょう。

クイズ

次のうち、思春期の心の発達が引き起こすとされるものはどれでしょう。(複数あります)

① まわりの人が気になる

② 親を嫌いになる

③ 友だちにコンプレックスを抱く

④ 性に関する情報にドキドキする

⑤ すぐイライラする

■ 教員と保護者向け 伝え方のポイント

生徒のなかには、イライラする気持ちや、人と比べてコンプレックスを抱く気持ちをおさえられず、苦しく思っている人も少なくないでしょう。それが思春期の発達によるものであること、成長の一過程であることを伝えて安心してもらいましょう。

また、思春期になって性に関心をもつのは自然なことだと伝えましょう。そのうえで、性的な関心の強さ・弱さにも個人差があることを知ってもらうことは大切です。性に関心をもつと、性情報にふれることも多くなります。そのときに、誤った情報が巷にはあふれていることや、性への関心や誰かから認められたい気持ちを悪用されて犯罪に巻き込まれる危険があることも伝えておく必要があります。

理解のステップ

イライラする気持ちは
思春期の成長の一過程だと知る

性的な関心への高まりにも
個人差があることを理解する

性的な情報にふれるときの
注意点を理解する

性的関心の高まりには個人差がある

　性的関心をもったり、急に性的欲求が高まったりすることは思春期の心の発達の特徴です。とはいえ、性的関心や欲求が強くなる人もいれば、あまり強くならない人もいます。だからこそ、相手の気持ちを考えずに自分の衝動を相手に押しつけたりしてはいけないし、自分には気持ちがないにもかかわらず、我慢して相手の欲求を受け入れたりする必要はありません。

性情報との正しい関わり方

　性に関心をもつようになると、性に関する情報を手に入れようと思うかもしれません。インターネットやテレビ、雑誌などの情報媒体には性に関する情報があふれています。そのなかには、悪質なものや誤ったものもあり注意が必要です。近年、中高生が悪質な情報に惑わされ、性犯罪に巻き込まれるケースが増えています。特にインターネットの性情報にふれるときには、鵜呑みにはせず、「誰がいっているのか？」「どんな専門家からのデータなのか」などを確認し、商業的な宣伝ではないか？　と一度疑ってみましょう。

● メディアの性情報で気をつけること

外見のコンプレックスをあおるような性情報に注意	→ 脱毛、ダイエット、包茎手術などの広告は外見至上主義（ルッキズム）を助長する
「モテ」に関する情報に注意	→ これをすると愛される、モテる、などの情報のほとんどは根拠がない
アダルトコンテンツのなかの性情報に注意	→ 同意のない性行動や性暴力などの、マンガやアダルトコンテンツのなかの性表現は決してまねしてはならない

 中高生が巻き込まれる性犯罪ってどんなものがあるの？

 児童ポルノ被害の4割が、自撮りした画像を知らない人に送信する被害です。たくみな言葉を使って誘導されても自撮り画像は絶対に送ってはいけません。

● 自撮り画像に関する被害にあった児童の推移

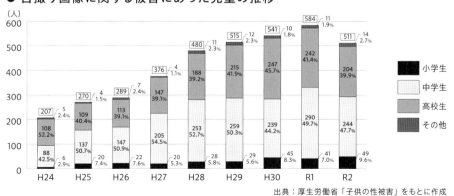

出典：厚生労働省「子供の性被害」をもとに作成

思春期のストレスの解消方法について考えよう

・・・

① どのようなときストレスを感じるか書いてみましょう。

・・・

② ストレスを感じる原因について書いてみましょう。

・・・

③ ストレスの対処法について考えてみましょう。

心の健康を保つためには、他人に上手に自分の気持ちを伝える必要があります。嫌な気持ちがあるのに我慢したり、感情にまかせて相手を非難したりしては余計イライラがつのり、心の不満は解消されません。相手を不快な気持ちにさせずに、自分の不満を解消するコミュニケーション力を身につけましょう

非難したり、攻撃したりするのはよくないね

嫌な思いを我慢するのもよくないよ

ワーク 2　自分のまわりに性情報がどのくらい あふれているか調べよう

からだの変化だけではないの？‥思春期の心の発達とメディアの影響

インターネットや雑誌、テレビ番組を見てどのくらい注意すべき性情報があふれているかを調べてみましょう。

・取り上げたウェブコンテンツや雑誌、テレビ番組など

・注意すべき性情報があったか（例：外見のコンプレックスをあおるようなもの、根拠のない「モテ」をあおるもの、性暴力につながるもの）

電車に乗っているとダイエットや脱毛の
広告ばかりで嫌になることがあるな

○○しないと彼女に嫌われる！　みたいな情報も多いよね。
ばかばかしいと思うけどつい気にはなっちゃうんだよね

スマホを見てると、性暴力のシーンのマンガの
広告が出てきて嫌な気分になることがあるよ

5 月経のことを知ろう
月経のしくみとサイクル

すでに月経（生理）がはじまっている人も、これから初潮を迎える人も、もちろん男子も、月経のしくみを学んでいきましょう。思春期の月経は不規則になりやすく、不安になる人も多いでしょう。月経に関してトラブルが起きることもあります。女子も、男子も月経に関する知識をもっておくことが大切です。

クイズ

次のうち、現代の女性の一生の間に起こる月経回数はいくつでしょうか。

① 約50回

② 約150回

③ 約250回

④ 約350回

⑤ 約450回

■ 教員と保護者向け　**伝え方のポイント**

　生徒のなかには月経に対して、「体調が悪くなるから嫌だ」「下着が汚れるから憂うつ」などと、ネガティブなイメージを抱いている人も少なくありません。そのこと自体はいたしかたないことです。

　生徒の嫌だという気持ちは受け止めつつ、月経は、子どもを産むために必要なものであることを伝えます。子どもを産むのはまだずっと先でも、いつか妊娠するかもしれないときのために、からだはすでに準備を進めているのです。また、子どもを産まないとしても、月経が正常なペースでくるということは、その人が今月健康に過ごせたというしるしと考えることもできます。月経のことでトラブルが起きていたら相談がしやすいような雰囲気づくりをし、痛みやトラブルは改善できるものであることを伝えましょう。

理解のステップ

月経に対するネガティブなイメージを
受け止めてもらう

そのうえで、月経は大切なしくみで
あることを理解する

月経に関するトラブルは、
改善できるものであることを理解する

なぜ男子も月経のことを理解しないといけないの？

　月経は女性のみに起こるからだのしくみですが、男子も月経のしくみがわかっていると、学校生活でも社会に出たあとも、女性のことをもっと理解できるようになるでしょう。男女が共に暮らしていく社会においてはとても大切なことといえます。

月経のしくみ

　月経はだいたい月に1度起こり、はじめての月経を「初経」といいます。卵巣の中の卵胞が1つ育ち卵子が放出（排卵）されます。これに合わせて子宮の内側では胎児のベッドとなる子宮内膜は厚くなり、受精卵がいつ着床してもいいように準備します。もし卵子が受精しなかったり、着床しなかったりした場合は、ベッドが不要になるので子宮内膜は血液とともにはがれおち、排出されます。これが「月経」のしくみです。

● 月経のしくみ

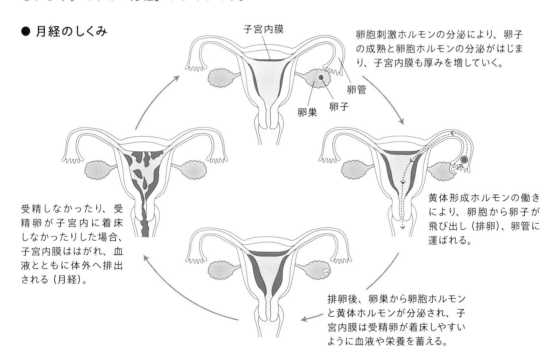

子宮内膜

卵管
卵子
卵巣

卵胞刺激ホルモンの分泌により、卵子の成熟と卵胞ホルモンの分泌がはじまり、子宮内膜も厚みを増していく。

黄体形成ホルモンの働きにより、卵胞から卵子が飛び出し（排卵）、卵管に運ばれる。

排卵後、卵巣から卵胞ホルモンと黄体ホルモンが分泌され、子宮内膜は受精卵が着床しやすいように血液や栄養を蓄える。

受精しなかったり、受精卵が子宮内に着床しなかったりした場合、子宮内膜ははがれ、血液とともに体外へ排出される（月経）。

出典：今井 伸、高橋幸子『自分を生きるための〈性〉のこと』少年写真新聞社、2023年、24頁をもとに作成

 Q **生理痛がひどいです。我慢しなければならないの？**

 A 月経のときには、女性ホルモンの働きにより子宮を収縮させる物質（プロスタグランジン）が出るため、ひどい痛みが出ることがあります。痛み止めを飲むと、プロスタグランジンがつくられなくなり、月経痛が改善されます。痛くなりはじめたらすぐに飲みましょう。

薬は飲んじゃいけないものなんだと思ってた！

妊娠しやすい時期を調べよう！

次のイラストは子宮の状態です。下の説明は心と体の状態です。a ～ d を正しい月経周期の順番に並べ替えてみましょう。

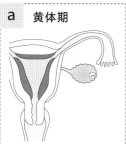

a　黄体期

頭痛、イライラ、吹き出物などが現れやすく、体調が不安定

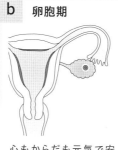

b　卵胞期

心もからだも元気で安定している

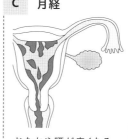

c　月経

おなかや腰が痛くなる

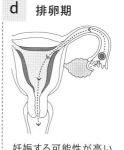

d　排卵期

妊娠する可能性が高い

出典：樋上典子ほか著、高橋幸子医療監修『実践 包括的性教育』エイデル研究所、2022年、56頁をもとに作成

月経のしくみを知ると、妊娠しやすい時期や妊娠しにくい時期がわかるようになります。将来子どもを産むか産まないかはその人自身が決めることですが、妊娠したいときに妊娠ができるよう健康なからだづくりをしておきましょう

妊娠はずっと先だと思うけど、もう準備しているんだね

答え　b←d←a←c

コラム

PMSって何？

　PMSとは月経前症候群のことです。月経の前に起こる黄体期の心やからだの不調を指します。黄体期には、黄体ホルモン（プロゲステロン）が多く分泌されることで、痛みやイライラの症状が出ると考えられています。日常生活に支障が出ている場合は、楽になる方法がありますので、婦人科に行って相談しましょう。

精神症状	身体症状
・憂うつ	・頭痛
・不安	・下腹部痛
・イライラ	・腰痛
・一人でいたい	・手足のむくみ
・眠気	・にきび
・悲しくなる	・食欲が止まらない

出典：今井 伸、高橋幸子『自分を生きるための〈性〉のこと』少年写真新聞社、2023年、33頁をもとに作成

ワーク 2	**基礎体温をはかってみよう**

用意するもの：基礎体温計（婦人体温計）

ステップ1	朝起床した直後に、布団の中で検温してみましょう。
ステップ2	婦人体温計の先端部分を舌の裏にあててはかりましょう。
ステップ3	からだの調子や心の調子、具体的な行動も記録しましょう。

● 月経と基礎体温の変化例

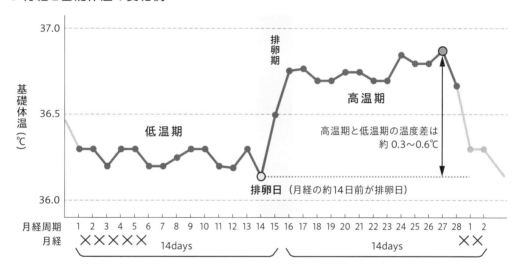

出典：公益社団法人女性の健康とメノポーズ協会ホームページをもとに作成

婦人体温計は小数点以下2桁まで表示されるため、よりくわしい体温をはかることができます。ドラッグストアやスーパーで買うことができますよ

体温って毎朝こんなに違うことをはかるまで知らなかった！

いつが月経前なのか知ることで、月経前のイライラにも対応できそう

男子はどうなんだろう？

6 射精について知ろう
射精は成長のあかし

 男子のなかには、すでに「射精」を経験している人もいるのではないでしょうか。尿道を通って出る精液を汚いものと感じている人もいるかもしれませんが、そんなことはありません。ここでは、射精が起こるしくみを科学的に学び、マイナスイメージを払拭しましょう。

クイズ

次のうち、1日につくられる精子の数はどれくらいでしょうか。

① 1000
② 100万
③ 500万
④ 7000万
⑤ 1億

■ 教員と保護者向け **伝え方のポイント**

13歳前後で精通（はじめての射精）を経験する人が多いといわれています。すでに経験している男子が大半いるクラスもあるかもしれません。ただ、射精もほかの思春期のからだの変化と同様、個人差があり、未経験の人もいるので配慮が必要です。また、月経に比べていつ迎えたのかがわかりにくく、精通自体に気づけていない生徒もいます。

ですから、まず精通の時期には個人差があり、月経とは異なりからだの変化に気がつきにくいことを話しておくとよいでしょう。そのうえで、射精のしくみを説明し、射精は自然な生理現象であり、子孫を残せるようからだの準備が整ったしるしであることを伝えましょう。

理解のステップ

はじめての射精は個人差があり、気づきにくいことを理解する

↓

射精はどうして起こるのか理解をする

↓

射精は自然な生理現象の一つで成長のあかしであると理解する

なぜ女子も射精のことを知る必要があるの？

　女子は、射精のことを恥ずかしいと感じる人もいるかもしれませんが、月経と同様に、子孫を残すための男子の大切な生理現象です。けっして恥ずかしいことではありません。将来子どもを産むかどうかの選択をするうえでも、女子も射精のしくみを理解しておく必要があります。また、思春期に性的な欲求が高まることがあるということを女子も知っておきましょう（性欲は男女ともにあります）。

射精のしくみ

　生殖機能が発達する10歳をすぎたころから、「射精」ははじまります。はじめての射精を「精通」といい、はじまりには個人差があります。射精は心身の性的な興奮や刺激によって、勃起したペニスから白くて粘り気のある液体が飛び出してくることをいいます。この液体を精液といい、精液には多くの精子が含まれています。

● 尿道を通る尿と精液

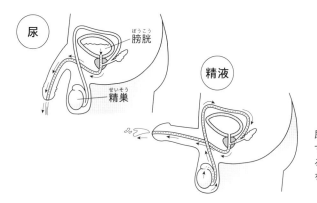

尿と精液はまったく違うものですが、膀胱と前立腺の近くにある筋肉が働くことで、同じ尿道を通って出るようになっています。

出典：今井 伸、高橋幸子『自分を生きるための〈性〉のこと』少年写真新聞社、2023年、46頁をもとに作成

射精のときは膀胱の出口が閉まるため、尿とは混ざりません

 Q 射精しないと精液がからだにたまり、からだによくないの？

 A 射精しなくても精液は分解されてタンパク質としてからだに吸収されます。たまったからといって心配しなくてもいいですよ。

男性の内性器と射精について調べてみよう

男性の内性器は下記のようになっています。

● 男性の内性器

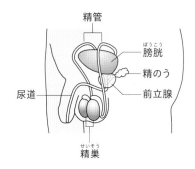

精管
膀胱（ぼうこう）
精のう
前立腺
尿道
精巣（せいそう）

ペニスや陰のう以外の生殖器を「内性器」といいます

① 勃起（ぼっき）のしくみについて調べてみましょう。

② 精子はどうやって外に出るのか経路を調べてみましょう。

③精液の成分について調べてみましょう。

ワーク 2　射精が起こる場面について考えよう

ステップ1　意識的に起こる場合と無意識的に起こる場合を考えましょう。

ステップ2　それぞれ注意すべき点は何か話し合いましょう。

ステップ3　下着を汚してしまった場合の対処法を考えましょう。

射精は女性の月経とは異なり、定期的に起こるものではありません。
自分の意思でペニスをさわって勃起させ、射精をすることもできますし、
睡眠中に射精することもあります。睡眠中の射精は「夢精」といいます。
精通はセルフプレジャー（→第4章参照）で経験する人もいれば、夢
精で経験する人もいます。また夢精が起こらない人もいます

女子も月経で下着を汚すことがあるよね

 下着はこれから自分で洗うようにしよう

コラム

精液は汚くない

　精液には独特の匂いがあり、ネバネバしているので汚いと思っている人もいるかもしれません。また、尿道を通って出ると知って、汚いと思う人もいるでしょう。しかし、精液がネバネバしているのは、女性の腟の中の酸性の液から精子を守って奥まで届けるためです。尿道を通るといっても膀胱の出口は閉じるので、尿と混ざることはありません。射精は子孫を残すための準備が整ったことのあかしです。決して汚いことでも、恥ずかしいことでもありません。とてもプライベートで、大切なしくみなのです。

7 からだの悩みはある?
月経と性器の悩み

 思春期に起こるからだの変化には悩みはつきものです。大人への階段を上りはじめたみなさんにとっては、はじめてのことばかりで、次々と悩みがわいてくるでしょう。ここでは思春期における主な悩みを知り、病気についての知識も身につけ、不安や悩みを解消していきましょう。

クイズ

次のうち、男性器の悩みで、病気の可能性があるものはどれでしょう?

① 性器に痛みや違和感がある
② 包茎
③ 早漏(そうろう)
④ ペニスが小さい
⑤ 精液に血が混じる

■ 教員と保護者向け **伝え方のポイント**

　思春期に抱えるからだの悩みには知識不足からくる悩みと、病気の可能性が潜む悩みがあります。大人にとっては些細(ささい)な悩みでも、中高生にとってはそうではなく、自分だけで悩みを抱え夜も眠れないほど深刻に受け取る人もいます。まずは、どのような悩みにも寄り添い、大人が共感してあげることが大切です。

　女子の場合には月経に関する悩みが多く、男子の場合は、男性器の悩みが多いです。痛みや違和感を感じた場合には恥ずかしがらずに相談して、女子の場合には婦人科、男子の場合には泌尿器科を受診するよう伝えましょう。

理解のステップ

| 思春期に起こる |
| からだの悩みを理解する |

↓

| 悩みを相談することは |
| 恥ずかしいことではないと理解する |

↓

| 痛みや違和感がある場合には |
| 病院を受診することを知る |

⑤ 、① 答

● 月経の悩み

　月経の悩みには、「月経周期が不規則」「月経がこない」「月経痛がひどい」「経血量が多い」などさまざまなものがあります。まずは標準的な月経の目安を知ることが大切です。

> ### 正常な月経の目安
> ....
> 月経周期：25〜38日
> 周期：3〜7日
> 経血の量：1日に20〜140ml（多い日であっても、2〜3時間に1度ナプキン
> 　　　　　をかえる程度、1日のナプキン交換の目安はおおよそ6回程度）
> 月経痛：軽度（日常生活を送れるレベル）

　もしこの目安と大幅に異なる場合には、婦人科を受診するとよいでしょう。症状は薬などで改善できることも多く、関連した病気がないかも調べてもらうことができます。

● 男性器の悩み

　男子のからだの悩みは、「男性器（ペニス）が小さいのでは？」「包茎かもしれない」といったペニスに関するものがほとんどです。男性器の大きさには個人差があり、小さいこと自体は問題ありません。もし男性器に痛みがある、違和感があるなど気になる症状があれば、泌尿器科を受診しましょう。

> ### 受診したほうがいい男性器の症状
> ....
> • ペニスが腫れている
> • 精巣に痛みがある
> • 精巣にしこりができた
> • 性器に違和感がある

 Q 包茎はどのようなときに手術が必要ですか。

 A 手術が必要な包茎を真性包茎といいますが、ほとんどの包茎は仮性包茎で手術は必要ありません。万が一、手で包皮をむいて（根元に引きよせて）亀頭が完全に露出しない場合は毎日少しづつ包皮をむくトレーニングをしましょう。相談するときは、泌尿器科へ。

> 実は日本人の半数以上が仮性包茎なんです

からだの悩み、誰に相談する?

・・・

① もしからだのことで悩みがあったら誰に相談しますか?

　　例：親、学校の先生、保健室の先生、医師、友だち

・・・

② 誰にも相談しない、と答えた人はどうして相談できないと思いましたか?

・・・

③ どういうアドバイスをもらえるなら相談したいと思えますか?

恥ずかしいから絶対相談できない、と思ってたけど、病気が隠れているかもと知ったらこわくなっちゃった

わたしは保健室の先生にいつも相談しているよ

相談することも権利なんです。恥ずかしがらずに、相談してくださいね

コラム

からだのことを人にからかわれたらどうする?

　もし人から「ペニスが小さい」「胸が小さい」などといわれたらつらいと思う人が多いでしょう。場合によっては一生の心のわだかまりになってしまうかもしれません。性器や乳房の色や形、大きさはもちろん、背が「低い・高い」といったからだの特徴はすべて個人差があります。からだの特徴についてからかうのはやめましょう。そうした行為は、人として自分らしく生きる権利（人権）の侵害です。

　もし人からからだのことで何かいわれても、自分のからだを嫌いにならないでください。個性なのだから気にしなくてもいいのです。もしかすると、からかってくる人も自分のからだのどこかが気になっているかもしれません。また、イラストなどを見て自分のからだと違うと気にする人もいるかもしれませんが、違ってもそれも個性の範囲なので心配することはありません。機能的に困っていることがあれば、病院を受診しましょう。

ワーク 2　からだの悩みに関連する病気を調べてみよう

・・・・・・・・・・・・・・・・・・・・・・・・・・・・・・・・・・・・・

① 女性のからだ（例：月経）に関連する病気について調べて書いてみましょう。

病名	症状	原因

② 男性のからだ（例：性器）に関する病気について調べて書いてみましょう。

病名	症状	原因

③ 今回はじめて知ったこと、感じたことを書いてみましょう。

8 知っておきたいからだのケア
清潔に保つ方法

 月経のときに服や寝具を汚してしまったことがある人もいるかもしれません。多い日は1日中不快感があるという人もいるでしょう。でも、正しいケアの方法を知れば、快適な生活が送れるようになりますよ。また、女子も男子もからだを清潔に保つことが、健康につながります。

クイズ

次のうち、月経中に役立つアイテムはどれでしょうか？（複数あります）

① タンポン
② ナプキン
③ 月経カップ
④ 吸水ショーツ
⑤ 低用量ピル

■ 教員と保護者向け　伝え方のポイント

　からだを清潔に保つケアの方法を教える最大の目的は、中高生が心身ともに快適で健康な生活を送れるよう導くことです。なかでも月経中のケアは大切です。最近ではさまざまな生理用品が登場し、より快適に過ごせるようなグッズが増えてきていますので、最新の情報を伝えられるとよいでしょう。また、低用量ピルを使用することのメリットもぜひ伝えてください。

　男子も、女子の月経時のケアの大切さを知る必要があります。正しい知識がないと、月経のことを軽んじたり、月経に苦しむクラスメートの痛みを理解できなくなります。異性のからだのケアを学ぶことで、クラスメートやまわりの人に寄り添うことができる、ということを伝えましょう。

理解のステップ

性器を清潔に保つことは、健康のために必要だということを理解する

月経中を快適に過ごすためのさまざまなグッズを知る

男子も、女子の月経のことを知る必要があると理解する

生理用品はさまざま

　生理用品にはどのようなものがあるでしょうか。日本の女性の多くはナプキンを使用していますが、生理用品にはナプキン以外にもさまざまなものあります。月経の量や、ふだんの生活スタイルによって、合うものは異なります。まずは自分に合った生理用品をみつけることが、快適に過ごすためのコツです。

性器を清潔に保つ方法

　女子も男子も、性器は清潔に保つ必要があります。性器についた汗や皮脂、汚れをそのままにしておくと、肌がかぶれ、雑菌が繁殖しやすくなります。不潔にしていると感染症など病気の原因につながるので、正しい洗い方を身につけ、つねに清潔にしておきましょう。

● 女子の性器の洗い方

- 泡立てた石けんやぬるま湯でやさしく洗う
- ひだ（小陰唇）の部分に垢がたまりやすいのでていねいに洗う
- 清潔に保つ菌がある腟の中は洗わない
- 前から後ろへ。肛門は最後に洗う

● 男子の性器の洗い方

- 泡立てた石けんやぬるま湯でやさしく洗う
- 包皮をむきおろして、亀頭の根元（冠状溝）の汚れを指でこすって洗う
- 陰のうのシワの間や裏側はそっと洗い流す
- 肛門は最後に洗う

 腟の中に入れるタンポンは中高生には向かないの？

　中高生のみなさんでもタンポンを使って問題ありません。経血量が少ない日などは、タンポンの場合、8時間入れたままでも大丈夫です。特にスポーツなど部活動をしている人にタンポンはおすすめです。初心者は、アプリケーター（プラスチックの筒）のついているタイプがよいでしょう。

● 正しいタンポンの入れ方

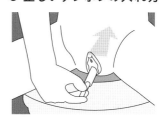

息をはいて力を抜いて、ひざを曲げると入れやすい。

さまざまな生理用品を知ろう

次の生理用品を比較して、メリットとデメリットについて話し合ってみましょう。また、それぞれを使用する場合、1回の月経期間、年間でどのくらいの金額がかかるのか調べてみましょう。

ナプキン

下着に吸収体の入ったシートを貼り付けることで経血を吸収するタイプ。紙のほか、わたや布などさまざまな素材がある。

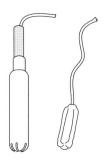

タンポン

腟内に筒状のわたを挿入して、経血を吸収するタイプ。

月経カップ

腟内にカップを挿入して経血を受け止めるタイプ。

経血吸水ショーツ

ショーツ自体が経血を吸収するタイプ。

ナプキンを用意できなくて、トイレットペーパーで代用している人はいませんか? 経済的な理由などで生理用品を買うことができない「生理の貧困」が今問題になっているんです

学校によってはトイレに無償の生理用品を置いているところもあるらしいよね

ワーク 2　月経中の人にどのようなサポートができるかな

. . . .

月経時、体調の悪い女子が身近にいます。

① まず、どのような声がけをするとよいか考えてみましょう。

② 具体的にどのような対策ができるか調べてみましょう。

③ 症状によって、どのようなアドバイスができるか考えてみましょう。

今回は月経を例に挙げましたが、性別にかかわらず体調が悪そうな人には気づかいできるといいですね

コラム

低用量ピルを上手に使おう

　低用量ピルは生理痛や月経過多、PMSの症状を軽くしたい人にもおすすめです。1日1錠服用することで、脳が妊娠している状態と同じだと判断し、排卵が止まります。すると経血量も月経痛も軽くなり、肌荒れを防ぐ効果もあります。副作用が心配、という人がいるかもしれませんが、現在処方されている薬は安全性が高いものです。医師から血栓のリスクについて説明を受けましょう。

　低用量ピルは、婦人科の先生に相談して処方してもらいます。費用は、月経困難症や子宮内膜症などの治療目的の場合は保険適用となり、ひと月500～2300円。避妊やPMS、肌荒れ治療は保険適用外となり、ひと月2000～3000円かかります。

9 産婦人科ってどんなところ?
妊娠した人だけが行くところではない

 これまで思春期のからだの変化について学んできましたが、それでも解消されない悩みはありませんか。具体的な症状があり、困っているときは、からだのことをよく知っている専門医に相談してみましょう。いつでも相談できる「かかりつけ医」を見つけられると安心ですよ。

クイズ

次のうち、月経の悩みはどの専門医に相談すればよいでしょうか? また、男性器の悩みはどの専門医に相談すればよいでしょうか?

① 産婦人科

② 泌尿器科

③ 内科

④ 小児科

⑤ 整形外科

■ 教員と保護者向け　伝え方のポイント

「病院へ行くのはこわい」とハードルが高いと感じる生徒は多いのではないでしょうか。生徒のなかには悩みの解消以前に「悩んでいる自分はおかしいのでは?」と自己否定する人もいます。ですから、まずは些細（ささい）な悩みでも、本人が困っているのならば身近な大人や病院に相談してよいことを理解してもらいましょう。

そのうえで大人が病院での診療の体験談を話したり、信頼できる専門医について伝えたり、病院を身近に感じられる話題を提供するとよいでしょう。さらに近隣の病院紹介や診察内容など具体的な情報を提示し、生徒が医療機関とつながりやすいよう働きかけることも大切です。

理解のステップ

些細な悩みでも
病院に行ってよいと理解する

↓

身近な大人の
病院の診療エピソードを聞く

↓

近隣の病院や具体的な
診察内容について理解する

答え　月経の悩み：①、男性器の悩み：②

産婦人科って妊娠した人が行くところ？

　産婦人科は、妊娠した人だけが行くところと誤解している人は多いのではないでしょうか。産婦人科とは、妊娠や出産の診療をする産科と女性特有の病気を診察する婦人科の両方を診療する病院を指します。妊娠した人だけが行くところではありません。月経中のトラブルはもちろん、月経がこないといった悩み、性器の悩みや性感染症も、婦人科にかかります（乳房の悩みは乳腺外科にかかります）。低用量ピルを処方してほしい人も婦人科で相談に乗ってもらいましょう。

からだの悩みについて相談しよう

　はじめて産婦人科で診察してもらうときには、先生にどのような悩みやトラブルがあるのかを説明する必要があります。月経のトラブルであれば、月経管理アプリを持参したり、月経の状況をメモ書きして持参したりすると安心です。はじめての診療で不安な場合は、事前に電話などで問い合わせたり、診察のときに先生に伝えたりしましょう。

受診前の準備	受診当日の身なりやもち物
・月経の状況をメモしておく（最終月経日はいつ？　月経周期は？） ・症状についてまとめておく（量は？　痛みはあるか？）	・保険証 ・お薬手帳 ・月経の記録（月経管理アプリなど） ・ゆったりとしたスカート ・ナプキンやおりものシート ・お金

我慢してたけど生理痛がひどいから行ってみようと思います

「我慢すれば大丈夫」と思っていても、治療が必要なこともあるのでまずは相談してみましょう

Q　産婦人科に行くとどのようなことを聞かれるの？

A　次のページのワーク1のように、診察前に問診表に記入をすることが多いです。事前にどんなことを聞かれるか知っておくとよいでしょう。

余裕のある人は基礎体温をアプリなどで記録して、持参するといいね

産婦人科ではどのような診療をするのか調べてみよう

ステップ1 産婦人科の問診票を書いてみましょう。

産婦人科外来問診表
年　月　日

下記の質問に答えて受付にお渡し下さい。(あてはまるものに○印をつけて下さい)

お名前　　　　　　　年齢

I　どうなさいましたか

①月経が止まった
②月経の異常
③月経と違った出血
④おりものが多い(赤、ピンク、褐色、黄色、白)
⑤陰部がかゆい、痛い
⑥おなかが痛い
⑦腰が痛い
⑧胸がどきどきする
⑨癌の検査
⑩子供が出来ない
⑪性生活の相談
⑫避妊の方法を知りたい
⑬しこり(おなか、陰部、乳房)
⑭尿がちかい
⑮排尿のとき痛む
⑯熱がある
⑰頭痛、めまい、のぼせ
⑱性病の心配
⑲不眠、いらいら、肩こり
⑳食欲がない、はきけ
㉑むくみ
㉒分娩の希望(当院、帰省、その他)
㉓不快なこと(　　　　　)

II　あなたの月経について

①はじめて月経をみた年齢(　)歳(小・中学　年)
②何歳まで月経がありましたか(　)歳
③最後の月経はいつでしたか
　　　年　月　日から　日間
　(その前の月経は　月　日〜　日間)
④月経は順調(　)日型　不順
　(周期とは月経開始日より次の月経開始の前日までの日数)
⑤月経は何日位続きますか(　)日間
⑥月経の量は　多い　普通　少い
⑦月経の時痛みますか　　　　　　　　はい　いいえ
⑧月経の時や前に他にどこか悪いとこはありますか　はい　いいえ

(裏もご記入ください)

III　あなたの結婚、妊娠、分娩について
診察方法に関係するためお伺いします
①性交(セックス)の経験がありますか　　　　はい　いいえ
②結婚している　同棲中　婚約中　していない
③妊娠したことがありますか　　　　　　　　はい　いいえ
④妊娠したことのある方は次にお答え下さい。
　人工妊娠中絶(　　)回
　自然流産(　　)回
　分　娩(　　)回

IV　今までかかった主な病気、受けた手術について(婦人科以外も含めて)
①病気になったり手術を受けたことがありますか　はい　いいえ
②主な病気は
　(　　　　　　　　)(　　)歳の時
　(　　　　　　　　)(　　)歳の時
③手術は
　(　　　　　　)(　　)歳の時
④アレルギー体質と医師にいわれたことがありますか
　　　　　　　　　　　　　　　　　　　　　はい　いいえ
⑤いままで使った薬や注射で副作用をおこしたことがありますか
　　　　　　　　　　　　　　　　　　　　　はい　いいえ
⑥ぜんそくにかかったことがありますか　　　はい　いいえ
⑦輸血を受けたことがありますか　　　　　　はい　いいえ
⑧現在、飲んでいるお薬はありますか?
　なし　　　あり(　　　　　　　　　　)

V　あなたの職業は(　　　　　　　　　　)

VI　パートナーについて
①年齢(　　)歳　職業(　　　　　　　　)
②健康ですか　はい　いいえ
③今までにかかった病気は(　　　　　　　)

VII　家族や近い親戚の中に何か特別な病気の人がいますか
いる　いない(遺伝病、高血圧、糖尿病、癌、その他)

VIII　あなたの
身長(　　)cm　体重(　　)kg　血液型は　　型RH(　)

IX ①飲酒の習慣がありますか　ない　ある(強い、普通、弱い)
②喫煙の習慣がありますか　　ない　ある(1日　　本)

出典:日本産婦人科医会「産婦人科外来問診表」を一部改変

ステップ2 主な診察方法、「問診」「触診」「内診」について調べてみましょう。

ステップ3 近くの産婦人科を調べてみましょう。

「内診」は、下着を脱いでいすに座り、腟のほうから行います。こわいと思う人もいるかもしれませんが、内診をするのは必要なときのみですし、いきなり内診をすることはありませんので、安心してくださいね。もし心の準備ができていない場合は、おなかの上からの診察にしますので、断っても大丈夫です

ゆったりとしたスカートで行けば、下着を脱ぐだけですむね

わたしは女性医師にみてもらいたいな。近所にあるかな

ワーク 2　泌尿器科ではどのような診療をするのか調べてみよう

男性器に気になる症状がある場合は、泌尿器科で診療してもらいます。泌尿器科は、男性器や性の悩み、性感染症といった病気を診療してくれるところです。女性も、膀胱炎や尿道口にトラブルがあったときには泌尿器科にかかります。

ステップ1　問診ではどんなことを聞かれるか調べてみましょう。

ステップ2　検査にはどのようなものがあるか調べてみましょう。

ステップ3　近隣の泌尿器科を調べてみましょう。

コラム

ユースクリニックって何？

　ユースクリニックとは北欧発のサービスで、20歳くらいまでの男女を対象に性の悩みやメンタルの相談などを看護師、助産師、心理士などに無料またはワンコインで相談できる場所です。スウェーデンのユースクリニックでは、薬も処方されます（日本では処方されません）。

　ユースクリニックのような場所は、日本ではまだなじみがありませんが徐々に増えており、オンラインでの相談を受け付けているところもあります。興味がある人は近くにあるか、ぜひ調べてみましょう。

第2章　生殖

1 妊娠のしくみ
生命が誕生するメカニズムを知ろう

みなさんのなかには、自分の誕生について疑問に思い、親や家族に、自分がどうやって生まれたのかを聞いたことのある人もいるのではないでしょうか。ここでは、生命が誕生するメカニズムを説明していきます。一緒に生命の誕生の足跡をたどってみましょう。

クイズ

次のうち、精子と卵子が出あう場所はどこでしょうか？

① 子宮
② 卵管
③ 腟
④ 卵巣
⑤ 子宮内膜

■ 教員と保護者向け　伝え方のポイント

　この章では、受精卵が胎児になるまでの妊娠と出産のしくみを学んでいきます。妊娠、出産については、自分たちの誕生に関わることなので身近な話題からはじめてみましょう。男子も妊娠や出産のことを正しく学ぶことで、妊娠を自身の問題としてとらえ、将来パートナーやまわりの人などが妊娠したとき、相手を思いやることができます。

　なお、卵子と精子が出あう過程に関わる「性交」については、中学生の場合は教科書に掲載されていない領域のため、扱わない学校もあるでしょう。この本では4章で別に取り上げます。ただ、受精には性交が関わるため、セットで学習することをおすすめします。

理解のステップ

受精のしくみに興味をもつ

↓

自分の誕生とつなげて理解する

↓

正しい知識で
妊娠と出産を理解する

受精のしくみ

「受精」とは、女子がもつ卵子と男子がもつ精子が出あうことをいいます。精子の受精までの道のりは果てしなく、1億〜3億個あった精子が子宮内を経て、卵管にある卵子と受精するのは、たったの1つだけです。1つの卵子と1つの精子が合体すると「受精卵」となり、ほかの精子が入れないように固く膜を閉ざします。これが生命の誕生の瞬間です。

● 受精の過程

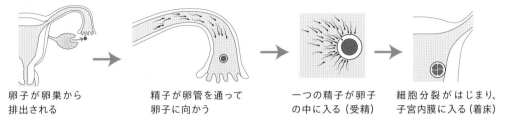

卵子が卵巣から　　　　精子が卵管を通って　　　一つの精子が卵子　　　細胞分裂がはじまり、
排出される　　　　　　卵子に向かう　　　　　　の中に入る（受精）　　子宮内膜に入る（着床）

妊娠によるからだの変化

卵子と精子が合体した「受精卵」は、細胞分裂をしながら子宮内膜まで移動し、着床すると妊娠が成立します。妊娠すると、子宮内膜はそのまま子宮内にとどまるため、月経が止まります。からだは新しい生命が成長するための準備をはじめます。このときにさまざまな妊娠期特有の体調の変化が起こります。

> 妊娠によって起こる主な体調の変化
>
> ・つわり（吐き気が起きたり、匂いに敏感になるなど症状は人それぞれ）
> ・眠気を催す
> ・食欲がなくなる
> ・食欲が高まるタイプの「食べづわり」もある

うちの母は、つわりでフライドポテトしか食べられなくなったといっていたよ

胎児の成長

受精卵は妊娠が起こってから約10か月間、お母さんの子宮のなかで栄養をもらいながら成長していきます。産婦人科では、出産の目安を「最終月経から40週」とし、妊娠の時期を妊娠初期（妊娠〜12週）、妊娠中期（13〜27週）、妊娠後期（28週〜40週）の3つに分けて経過観察を行います。

 「つわり」で入院する人がいるってホント！？

 「妊娠は病気ではない」という言葉を聞いたことがあるかもしれませんが、急激に体重が減ったり脱水症状が起こるような重いつわりを「妊娠悪阻」といい、命に関わることがあるため、10％ほど体重が減ると、入院が必要です。妊婦の全体の1〜2％程度が妊娠悪阻になるといわれています。入院した場合、点滴などで治療を行います。

ワーク 1　胎児の成長の様子を調べよう

以下は、妊娠週数による胎児の変化です。

● マタニティカレンダー

時期	妊娠初期			妊娠中期						妊娠後期		
週数	4 5 6 7	8 9 10 11 12	13 14 15	16 17 18 19	20 21 22 23 24 25 26 27		28 29 30 31	32 33 34 35	36 37 38 39 40			
月数	2	3	4	5	6	7	8	9	10〜			
赤ちゃんと妊婦さんの変化												
	体重4g	約20g	約30〜120g	約150〜300g	約350〜650g	約750〜1150g	約1300〜1750g	約1950〜2450g	約2650〜3200g			
赤ちゃんの様子	・体の形ができはじめる	①	・胎盤がほぼ完成する	・さかんに動く	②	・耳が聞こえるようになる ・足指に爪が生えはじめる ・脳が発達する	③	・皮下脂肪が増え、丸みが出てくる ・体の各臓器が成熟に近づく	・産まれる準備が整う			

出典：妊娠中の検査に関する情報サイト「妊娠中のからだの変化」をもとに作成
https://prenatal.cfa.go.jp/pregnancy-and-childbirth/body-changes.html

空欄①〜③に当てはまる胎児の様子を以下のなかから選びましょう。

A：　・外性器の形で身体的な男女の区別がつくようになる
　　　・髪の毛が生えはじめる
B：　・手足を動かしはじめる
　　　・心拍を確認できる
C：　・呼吸の練習をはじめる
　　　・おなかの中での位置がほぼ決まってくる

妊娠初期は不安定な時期です。妊娠後、胎内の赤ちゃんが亡くなってしまうことを流産といいますが、その9割が妊娠初期に起こります。ほとんどの場合、流産の原因は不明です。妊娠中期に入ると、栄養や酸素を受け取る胎盤が完成し、体調も安定してくる人が多いです。妊娠後期になると、もうひとふんばり。無理をせずに過ごすことが大切です

おなかに約3kgの赤ちゃんがいるなんて大変そう

3kgのお米をもってみたら、妊婦さんの気持ちがわかるかもしれないね

答え　①B　②A　③C

ワーク 2　妊婦さんの気持ちになってみよう

学校の行き帰りに妊婦さんがいました。ずいぶんおなかが大きく歩くのも大変そう。
さて、あなたならどうする？

① どんな動作が大変でしょうか。考えてみましょう。

　例）落ちているものを拾う

② 妊婦さんのためにできることはないでしょうか。考えてみましょう。

　例）電車内で席を譲る

③ もしあなたの身のまわりに妊婦さんがいたらどんなことをサポートすればよいでしょうか？
　話し合ってみましょう。

　例）料理を手伝う

マタニティマーク

「マタニティマーク」を見たことがある人はいますか？　妊娠初期は外見から
妊娠しているかどうかの見分けがつきにくいですよね。ひと目で妊婦さんかど
うかを判断できるように生まれたのが、マタニティマークです。マタニティマー
クを身につけた人に配慮するよう心がけましょう

2 出産のことを知ろう
赤ちゃんが生まれてくるしくみや出産方法

妊娠後期に入るといよいよ出産直近です。お母さんのおなかから生まれたみなさんは、出産は体験ずみといってもいいかもしれません。しかし生まれたときのことを記憶している人はいませんね。ここでは、赤ちゃんがどのように生まれてくるのか、くわしく学んでいきましょう。

クイズ

出産のタイミングを決めるのは誰でしょうか？（複数あります）

① 胎児
② 医者
③ お母さん
④ お父さん
⑤ 月の満ち欠け

■ 教員と保護者向け　**伝え方のポイント**

中高生の多くは、これまで親に「産んでもらった」というような感謝の気持ちを考える学習経験はしたことがあるかもしれませんが、具体的に自分がどのように生まれてきたのかという知識はまだ学んでいません。今回、出産の正しい知識を知ることは、将来の準備になりますし、自分が出産しないとしても、まわりの人の妊娠出産を受け入れることにつながります。

そのためには、「痛い」「こわい」といった出産についてネガティブな印象だけをもたないように、生徒たちがもつ出産への先入観を洗い出しましょう。そのうえで、出産の正しい知識を身につけ、あらためてどう感じたのかを話し合い、言語化するといいでしょう。

理解のステップ

出産について、これまでに知っている
知識を洗い出す

↓

正しい出産の知識を学ぶ

↓

出産について自分が
どう感じたのかをまとめる

答え：①、②、③

出産のしくみ

妊娠37週〜40週ごろになると、胎児は外に出る準備をはじめます。準備が整うと胎児はホルモンを出し、お母さんに出産の合図を出します。すると、胎児を外に出すため子宮が収縮しはじめ、「陣痛」が起こります。これは痛みを伴います。徐々に痛みが強くなり、10分ごとの間隔で痛みが現れるようになると、本格的な陣痛がはじまったあかしです。なお、37週より早く産まれることを早産といいます。

出産の方法

出産には大きく分けて 2 種類あります。赤ちゃんが産道を通って出てくる「経腟分娩」と手術で産まれてくる「帝王切開」です。

経腟分娩	胎児が腟を通って生まれてくる方法。経腟分娩のなかには、医療の介入を行わない分娩（自然分娩）と、医療処置を行う分娩（計画分娩、無痛分娩）がある。帝王切開に比べるとからだの負担が少なく、入院期間も短い。
帝王切開	腹部と子宮を手術によって切開し、胎児を取り出す方法。胎児の頭の位置が本来産まれる位置と逆の位置にある「逆子」など、出産前の時点で何らかの問題が生じて経腟分娩が難しいと判断され、あらかじめ手術の予定を組んで出産する「予定帝王切開」と、出産の途中で胎児か母体に危険があり、急遽手術となる「緊急帝王切開」がある。胎児の安全性が高まるというメリットがある。

無痛分娩って何ですか？

麻酔を使って、分娩時の痛みをやわらげる出産方法です。背中から局所麻酔を入れて、下半身の痛みだけを取るため、全身麻酔とは異なり、意識はあるまま赤ちゃんを産むことができます

出産の痛みをやわらげる方法もあるんですね!

Q **出産にはどのくらいお金がかかるの？**

A 出産の方法や地域によって大きく異なり、自然分娩で約30万〜70万円と幅があります。出産費用をカバーしてくれるのが「出産育児一時金」で、金額は子ども1人につき50万円（2024年5月現在）が健康保険から支給されます。

帝王切開の場合には、健康保険が適用されます。無痛分娩は、プラスで10万円程度かかる場合が多いようです

ワーク 1	出産時の胎児の様子を調べてみよう

経膣分娩（けいちつぶんべん）の場合、胎児は自分で回旋（かいせん）しながら骨盤や腟の産道を通って産まれます。

● 胎児が骨盤を通って産まれてくるまで

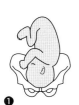 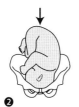    

❶ 母親の骨盤の入り口に、胎児の頭が横向きの状態でおさまる

❷ あごを胸につけて頭から入る準備がはじまる（第1回旋）

❸ 後頭部が前にくるように骨盤から入ってくる（第2回旋1）

❹ 回転し、骨盤の出口にくるころ後頭部が正面にくる（第2回旋2）

❺ うなじが恥骨の下に現れる（第3回旋）

❻ 首まで出るとまた頭が横向きになり、90度回転する（第4回旋）

出典：時事メディカル「家庭の医学　妊娠・出産」https://medical.jiji.com/medical/032-0006-99

① 胎児はどんな工夫をして産道を通りやすくしていますか。書き出してみましょう。

② 出産のとき、胎児の呼吸はどうなっていますか。調べてみましょう。

コラム

新生児にも一人の人として権利がある

　人はこの世に生まれた瞬間から「生きる権利」「育つ権利」「自分のからだを守る権利」「意見をいう（参加する）権利」があります。小さい新生児にも一人の人として尊重され、尊敬される権利があるのです。

　生まれたばかりの新生児の人権を守るためには、大人や社会の手助けが必要不可欠です。しかし、世界に目を移してみるとどうでしょう。戦争や貧困など大人や社会の勝手な都合によって、多くの新生児の命がおびやかされています。生まれたばかりの子どもの人権が侵害されないようにするにはどうすればよいか、大人への階段を歩みはじめたみなさんも一緒に考えてみましょう。

ワーク 2　出産について調べたこと、わかったことを書いてみよう

① 授業の前に抱いていた出産への印象を書いてみましょう。

② 出産について調べたことで、わかったことを書いてみましょう。

③ 今回初めて知ったこと、感じたことを書いてみましょう。

赤ちゃんは何もできない無力な存在と思ってたけど、
出産のことを調べて印象が変わったな

出産っていうと「こわい」ってイメージしかなかった
けど、いろいろな方法があるって知れてよかった！

3 将来子どもを産む？ 産まない？
プレコンセプションケアとは

みなさんは、将来子どもがほしいですか。ほしいと答えた人は何人ほしいでしょうか。1人ですか？ 2人ですか？ それとも3人以上？ 子どもがほしくない人もいるでしょう。ここでは子どもをもつ権利や選択について学んでいきましょう。

クイズ

次のうち、子どもを産むかどうか最も尊重されるべきなのは誰の意見でしょうか？

① 男性
② 女性
③ 医師
④ 社会
⑤ 男性と女性

■ 教員と保護者向け 　**伝え方のポイント**

ここまでの学習で、すでに初潮を迎えた生徒は、自分は妊娠することのできるからだになったのだ、ということを知っていると思います。しかし、中高生の今、「妊娠すること」には大きなリスクが伴います。ほとんどの生徒にとって、妊娠・出産は「からだは準備ができているけれども先のこと」です。そのことをまず確認しておきましょう。

第1章では、「自分のからだは自分のものである」ということを学びました。それと同時に、いつ子どもを産むか、何人産むか、あるいは子どもを産まないかは、女性が自分自身で決めることです。子どもを産むということは他者から、あるいは社会から強制されるべきものではない、ということをはっきり伝えましょう。

理解のステップ

> （初潮を迎えていれば）
> 妊娠できるからだではあるが
> まだ先のことであると知る

↓

> 自分のからだは自分のもの
> であることを振り返る

↓

> 子どもを産む、産まない、
> いつ産む、何人産むかは産む人自身が
> 決めることだと理解する

子どもを産む準備はできている?

すでに初潮や精通を迎えたみなさんは、からだは子どもを産む準備ができているといえます。しかし、妊娠・出産の準備ができているか、いないかは月経や射精があるだけでは判断できません。みなさんのからだはまだ成長途上であり、出産に適しているとはいえません。また、みなさんは今、学校に通っています。将来希望する進路もあるでしょう。

どんなタイミングで妊娠、出産をするかは、自分で選択することができます。ほとんどの人にとっては、学生の間はまだ妊娠、出産のタイミングではないと思うかもしれません。予想通りになるとは限りませんが、「いつ産みたいか」「何人産みたいか」「産まない選択をするか」をイメージしておくことは、将来役に立つでしょう。

プレコンセプションケアとは

いつ産むのかを決められるのは産む人の権利です。とはいえ、人間は何歳になっても子どもを産むことができるわけではありません。妊娠には適した時期があります。プレコンセプションとは、pre「～の前に」と conception「妊娠・受精」の造語で、「妊娠前からの健康管理」を意味します。将来子どもを望む場合には、妊娠に適した時期を知っておくことも健康管理のうちの1つです。

妊娠に適した年齢は20代～30代前半です。男女ともに35歳を過ぎると、妊娠する能力が下がり、出産のリスクも高まります

将来の妊娠に備えて生活習慣を見直そう

産みたいと思ったときに子どもが産めるようになるためには、若いころの生活習慣が大切です。年齢だけでなく、やせすぎも太りすぎも妊娠・出産においてはリスクとなります。また、高血圧や糖尿病などの生活習慣病があることは、母体にとっても胎児にとってもリスクになります。健康な食生活、適度な運動、十分な睡眠などは、今だけでなく将来の出産に備えて必要です。

夜中まで起きててついお菓子だけ食べて寝ちゃったりする日もたくさんあるな……気をつけないと

女性だけじゃなくて、当然男も関係あるよね

妊娠を希望しても妊娠できない場合は?

とはいえ、妊娠しやすい時期かどうかだけで、子どもを産むことはできないでしょう。その人の仕事のキャリアの進み方、経済状況、パートナーといつめぐり合うかなどは人によって異なり、早く子どもを産むことを望んでいても、その通りにいかないことも多くあります。出産年齢は高齢化しており、妊娠を希望するカップルの6～8組に1組が妊娠を望んでいるのに妊娠することができないといわれています。生殖補助医療のおかげで、人工授精や体外受精などの不妊治療で生まれた子どもも年々増えています。

不妊治療について調べよう

① 不妊とは何か調べてみましょう。

② 不妊治療にはどんなものがあるか調べてみましょう。

③ 不妊治療によってかかる負担について調べてみましょう。

【経済面】

【身体・精神面】

日本では、不妊治療によって生まれた新生児はどのくらいいるでしょうか。政府広報オンラインのホームページによれば、不妊治療で生まれた新生児は約7万人おり、新生児12人につき1人の割合（2021年実施データ）といわれています。WHO（世界保健機関）によれば、原因の半数以上は男性側にあるといわれており、女性側に問題があるとは限りません

不妊治療で生まれた赤ちゃんは結構多いんだね

ワーク 2　将来の妊娠・出産について考えてみよう

① 将来子どもをもつことについて、現時点の考えを書いてみましょう。

② ライフプランを立ててみましょう。

	0歳	10	20	30	40	50	60	70	80	90

学ぶ
いつ・どこで・
何を学ぶ?

働く
いつから・
何をする?

**どこでどのように
生きる?**
国内?・国外?

誰と生きる?
親と・パートナーと・
子どもと?

夢は（目標）?
そのときどきのやりがいは?
充実していることは?

出典：文部科学省「高校生のライフプランニング」をもとに作成
https://www.mext.go.jp/component/a_menu/education/micro_detail/__icsFiles/afieldfile/2018/11/21/1411248_0_0.pdf

わたしは早く子どもがたくさんほしいな。
まだそんな相手はいないけど……

わたしは仕事がちゃんと安定
してから産みたいな

いつ子どもがほしいかなんて、
考えたこともなかった!

子どもをもたない選択をする人もいますね

3

将来子どもを産む?　産まない?…プレコンセプションケアとは

1　性感染症とは？
誰でもかかる可能性はある

「感染症」という言葉は知っていますか？　細菌やウイルスがからだの中に侵入することによって引き起こされる病気で、インフルエンザやコロナも感染症ですね。ここでは、性的な接触による感染症、「性感染症」について学んでいきましょう。

クイズ

次のうち、性感染症はどれでしょうか？（複数あります）

① 性器クラミジア感染症
② HIV
③ コレラ
④ 結核
⑤ 梅毒

■ 教員と保護者向け　**伝え方のポイント**

　性感染症を生徒たちと学ぶにあたって大切なことは、「性感染症は予防・検査・治療ができるから必要以上に恐れる必要はない。けれども、知識がないと身を守ることができないから正しく知ることが大切」ということをはじめに伝えることです。

　中高生の多くは、性感染症のことを自分たちの身近な問題であるとはとらえていません。そのため性感染症について、必要以上にこわいものととらえたり、「自分はかからない」「かかったら恥ずかしいもの」というイメージをもったりしてしまうのです。

　性感染症の危険性を知ることは大切ですが、性に対してネガティブなイメージをもつことがないよう、正確な知識を伝えることが大切です。

理解のステップ

> 性感染症を必要以上に
> 恐れる必要はないと知る

↓

> 「性感染症」とは何か、
> どうしてかかるかを理解する

↓

> 性感染症の正しい知識があれば
> 身を守れるということを理解する

答え ①、②、⑤

性感染症を学ぶ必要性

　この章では、性感染症について学んでいきます。はじめにみなさんに伝えておきたいのは、性感染症は、「予防・検査・治療」ができる病気です。適切な治療を受ければ治ることがほとんどなので、必要以上にこわがる必要はありません。知識がないと、症状が出ていても放置することになり、深刻な症状が出たり、人にうつしてしまう危険性があります。正しい知識を学んで、自分と、相手のからだを守りましょう。

性感染症ってどんな病気？

　主に性的接触を介して広がる感染症のことです。クラミジア感染症、HIV 感染症、梅毒などがあります。主に性器、肛門、口、のどなどに症状が現れますが、無症状の場合もあります。すぐに症状が現れる病気もありますが、何年も経ってから症状が現れる病気もあります。

性的接触って何？

　性的なふれあいのことです。性器と性器の接触だけでなく、口と口などの粘膜の接触（キスなど）、あるいは肌と肌の接触でも性感染症にかかることがあります。

性感染症は誰がかかる病気？

　性的接触をしたことがある人なら誰でもかかる可能性があります。多くの人と性的接触をする人だけがなるというわけではありません。たった一人の人と性的接触をしても、また、たった一度しか性的接触をしたことがなくても性感染症になる可能性はあります。

Q　10代で性感染症にかかっている人はさすがに少ないのでは？

A　10代でもかかります。下は性感染症の1つであるクラミジア感染症の年齢別報告数です。20代がもっとも多いですが、10代の感染者もかなりいますね。

● **性器クラミジア感染症の報告数** (定点あたり年齢階級別　2020年)

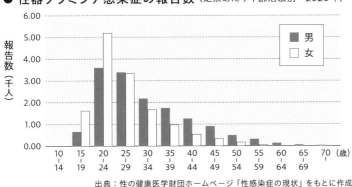

10代はもっと少ないと思ってた……！

出典：性の健康医学財団ホームページ「性感染症の現状」をもとに作成

用意するもの：透明なプラスチックのコップ（参加人数分）、水、水酸化ナトリウム水溶液（重曹、炭酸ナトリウムなど）、フェノールフタレイン

① 生徒全員がコップの1/3まで水の入ったコップをもって2人1組になります。
② 片方のコップの水を相手のコップに全部入れて、半分返してもらいます。
③ ペアを替えて、5回繰り返します。

水は体液を、水の交換は性的接触を表します。みなさんのコップにはただの水が入っていましたが、わたしのコップにだけ、病原菌を表す水酸化ナトリウムが入っていました。今から検査をします。コップにフェノールフタレイン溶液を1滴入れると、コップのなかの水に水酸化ナトリウムが入っている場合は赤く反応しますよ

先生とは交換してないから、絶対赤くならないね！

ええっ！　赤くなった!!!

赤くならなかった人は40人中、8人だけでした。

性感染症がどれだけ広がりやすいかわかったでしょうか。

では、もしわたしのコップに「ふた」をしていたら結果はどうだったでしょうか。みなさんのコップの水は赤くならなかったでしょう。この場合、「ふた」はコンドームを表しています。つまり、コンドームをしていれば、性感染症を防ぐことができたのです

コラム

性感染症と差別

　ゲームを通して、性感染症が「特別な人がかかる、恥ずかしい病気」ではなく、とても広がりやすく、誰でもかかる可能性のある病気であることがわかったでしょうか。性に関する正しい知識は、差別や偏見をなくすためにも大切なことです。1980年代、性感染症の1つであるHIVが蔓延（まんえん）したとき、原因や治療法がわからなかったことで、パニックが起こりました。感染者は触るだけでうつると差別され、迫害されたのです。現在では、HIVに関する正しい知識や治療法が広まり、差別に反対する運動も行われています。みなさんも性感染症の正しい知識を身につけましょう。

ワーク 2	性感染症について調べたこと、わかったことを書いてみよう

① 性感染症とは何か、わかったことを書いてみましょう。

性感染症ってキスをしただけでもかかる場合があるのが衝撃だったな

10代でもかかってる人がいるのがびっくりだったよ

② どうしたら性感染症にかかるのか書いてみましょう。

1つだけでなくて、いろいろな経路があるよね

③ 今回はじめて知ったこと、感じたことを書いてみましょう。

2 性感染症の種類
自覚症状が少ないものもあるから注意！

 性感染症は、みなさんにとって身近な感染症であることが前項でわかったでしょう。知識がないと、感染に気づかずほかの人にも感染を広めてしまうこわい病気でした。ここでは、性感染症の種類と症状、そしてリスクについて学んでいきます。若年層に多い性感染症について正しい知識を身につけましょう。

クイズ

次のうち性感染症の感染者数が増えている原因はどれでしょうか？（複数あります）

① 恥ずかしくて病院に行きにくい
② 自覚症状がない
③ 潜伏期間が長い
④ キスでも感染する
⑤ 予防の知識がない

■ 教員と保護者向け　伝え方のポイント

　性感染症のなかには自覚症状が少なく、潜伏期間が長いものがあります。そのため、感染していることに気づかず広めてしまうこわさがあります。特に若年層に多い性感染症は、性器クラミジア感染症・淋菌感染症・性器ヘルペスウイルス感染症・尖圭コンジローマなどで、最近では梅毒が増加傾向にあります。性器クラミジア感染症や淋菌感染症、梅毒などは、感染したまま放置しておくと、不妊や早産や胎児への感染につながる可能性もあり、注意が必要です。

　ここでは、生徒たちに性感染症の種類と症状、将来へのリスクについて知識を深めてもらいます。知識不足からくる性感染症への差別や偏見についても話し合っておきましょう。

理解のステップ

```
性感染症の種類について理解する
        ↓
性感染症それぞれの症状と
リスクについて理解する
        ↓
性感染症の予防の
重要性について理解する
```

性器クラミジア感染症

　性器クラミジア感染症は、クラミジア・トラコマティスという細菌に感染することによってかかる病気です。自覚症状がない場合が多く、感染に気づかないまま他人に感染させてしまう可能性があるところが特徴です。特に女性の場合は治療を受けずにいると、将来、不妊症や胎児が病気になるおそれもあるため、検査や治療が大切です。

潜伏期間	1～4週間
主な症状	男性器の症状：尿道のかゆみ、排尿時の痛み、尿道からうみが出る 女性器の症状：おりものの増加、不正出血 ※自覚症状がないことが多い。
どうして 感染する？	感染している人との性器と性器、性器と口などの粘膜どうしの接触により感染する。

淋菌感染症（淋病）

　淋菌という細菌による感染症です。感染すると、女性だけでなく、男性も不妊の原因になることがあります。性器クラミジア感染症と同様、無症状の場合が少なくないため、注意が必要です。

潜伏期間	2～7日
主な症状	男性器の症状：排尿時の激しい痛み、尿道からうみが出る、精巣が腫れる 女性器の症状：症状はほとんどない（初期におりものが増える程度） ※男性の場合は、尿道炎、精巣上体炎の原因となり、女性の場合、子宮頸管炎、骨盤内炎症の原因となる。
どうして 感染する？	感染している人との性器と性器、性器と口などの粘膜どうしの接触により感染する。

梅毒

　トレポネーマという細菌による感染症で、日本には室町時代に入ってきて大流行しました。一度は減りましたが、近年になってまた急増しています。梅毒は感染すると血液中に広がり、皮膚に症状が出ます。1期、2期～4期とさまざまな症状を引き起こしながら進行していきそのまま放置しておくと、命に関わります。梅毒に感染した状態で妊娠すると、胎児にも感染し死産や新生児梅毒になるおそれがある病気です。

潜伏期間	3週間
主な症状 （初期）	・感染した部位に硬いできものやただれができる。 ・痛みがなく気がつかない場合もある。 ・できものやただれは一度消えるため治ったと錯覚しやすい。 ・治療せずに4期になると進行して、血管や神経に重大な症状を引き起こし、命に関わる。
どうして 感染する？	性的接触によって感染するほか、感染している妊婦から胎児に感染することがある。

● 性器ヘルペスウイルス感染症

　性器ヘルペスウイルス感染症は、性器やその周辺に、水ぶくれ（水疱）ができます。感染力が強いため、性的接触以外にも、家族とのタオルの共用などからも感染することがあります。一度感染すると、ウイルスが体内に潜伏して体調不良やストレスなどで再発することがあります。

潜伏期間	2〜10日間
主な症状	男性器：性器に違和感や痛みを感じたのち、1ミリから2ミリほどのかゆみをともなう水疱ができる、太もものリンパ節が腫れる 女性器：性器に違和感や痛みを感じたのち、水疱や潰瘍ができる、太もものリンパ節が腫れる
どうして感染する?	皮膚と皮膚の接触、口と性器の接触でもうつる。

● 尖圭コンジローマ

　尖圭コンジローマは、HPV（ヒトパピローマウイルス）によって性器にイボができる感染症です。ただしイボができない場合もあるため、無症状のうちに相手に感染させてしまう可能性があります。HPV は子宮頸がんや肛門がんの原因にもなりますが、ワクチンで予防することが可能です。

潜伏期間	2〜3か月
主な症状	・性器や肛門のまわりにギザギザとがった薄ピンク色のイボができる。 ・かゆみなどの症状はほとんどない。
どうして感染する?	感染者との性的接触によって感染する。

● HIV 感染症

　HIV 感染症は、HIV というウイルスが血液や精液などの体液を介して感染する病気です。HIV に感染してエイズ（後天性免疫不全症候群；AIDS）を発症すると、死に至ります。最近では治療法が進歩し、エイズ発症前に HIV 感染を発見することができれば、エイズ発症を予防できるようになったため、早期発見がとても大切です。

潜伏期間	数年から十数年（検査できるのは感染から2〜3か月後）
主な症状	・感染して数週間で、発熱やのどの痛みなどの症状が出るがすぐによくなる。 ・そのままにしておくと数年から十数年後にエイズを発症し、からだの免疫機能が破壊され、さまざまな病気にかかりやすくなったり重症化しやすくなり命に関わる。
どうして感染する?	性的接触による感染のほか、母子感染や注射針の使い回しによる感染もある。

ワーク 1　性感染症にまつわる差別や偏見について考えてみよう

性感染症にかかったことが原因で、社会的に不当な対応や差別を受けるということが歴史上繰り返されてきました。ここでは、過去、性感染症に関してどのような差別、偏見があったのかを調べてみましょう。

① これまでにどんな性感染症の差別や偏見があったか調べてみましょう。

② どうして差別や偏見が生まれたのか、その背景について考えてみましょう。

③ 差別や偏見をなくすためにはどうすればいいか、考えてみましょう。

性感染症への差別や偏見は、無知から起こります。
みなさんは正しい知識を身につけることが大切です

2

性感染症の種類 ‥ 自覚症状が少ないものもあるから注意！

3 性感染症を防ぐには
リスクを下げる行動を知ろう

 性感染症のくわしい症状を学んだみなさんは、「性感染症にならないように注意しよう」と感じたのではないでしょうか。では、どうすれば性感染症を防げるのでしょうか。ここでは、性感染症を防ぐための予防法についてみなさんで考え、学んでいきましょう。

クイズ

次のうち、性感染症の予防について正しくないものはどれでしょうか？

①　コンドームを適切につける。

②　性的接触をしない。

③　性器を清潔に保つ。

④　ワクチンで防ぐ。

⑤　ピルを飲む。

■ 教員と保護者向け　伝え方のポイント

　若年層で性感染症が広がっている原因には、若い世代が性感染症の予防法に関して正しい知識をもっていないことも原因の1つです。みなさんのなかには、生徒たちに具体的な方法を伝えるのに抵抗がある人もいるかもしれません。しかし、正しい予防法を学ぶことは、生徒たちを性感染症から守る最大のおまもりになります。

　まず、性感染症を防ぐポイントを理解してもらいましょう。そのうえで具体的な予防法や、ワクチンで予防できる性感染症もあることを伝えるとよいでしょう。さらに、パートナーとの具体的な話し合い方も練習できるように指導してください。

理解のステップ

性感染症を防ぐポイントを理解する

具体的な予防法について理解する

パートナーとの会話を想像してみる

性感染症のリスクを下げる行動

性感染症を防ぐには「No Sex ＝性的接触をしない」ことが最も確実です。もしパートナーがいる人は、パートナーがあらゆる性感染症に感染していないとわかるまで性的接触を一切しないことが、予防の観点からは最も確実な方法です。もし性的接触をするのであれば、100% 予防できる方法はありません。ただし「Safer Sex= より安全な性的接触をする」を心がけることで、性感染症のリスクを下げることができます。

2種類の性感染症予防

① 性的接触をしない（No Sex）

② より安全な性的接触をする（Safar Sex）

- コンドームを適切に使用すること
- 不特定多数と性的接触をしないこと
  →性的パートナーを複数もつこと／複数もつ相手のパートナーになることは感染リスクを高める
- ワクチンや予防薬によって防ぐことができる性感染症もあると知っておくこと
- 清潔を保つこと
- 新しく性的パートナーができたら一緒に検査を受けること

出典：今井 伸・高橋幸子『自分を生きるための〈性〉のこと——性と生殖に関する健康と権利（SRHR）編』少年写真新聞社、2023年、100頁をもとに作成

基本はコンドームを適切に使用すること

「Safer Sex」のうち「コンドームを適切に使用する」は、代表的な予防法の1つです。コンドームをつければ、皮膚の接触を減らせるため、性感染症にかかるリスクは減らせます。なおピルは、妊娠を防ぐことはできますが、性感染症の予防はできないことも覚えておきましょう。

ただ、コンドームでも完全に予防できるわけではないので注意しましょう。正しく使用できないと、リスクが増えます

知らなかった！

ワクチンで防げる性感染症もある

性感染症のなかにはワクチンで予防できる性感染症もあります。代表的なものが、子宮頸がん、中咽頭がんなどの原因となる HPV（ヒトパピローマウイルス）です。このウイルスは、感染しても約９割が自然消失します。しかし残り1割のウイルスは身体に残り、子宮頸がんなどの病気を発症させることがあります。2024年現在日本では、HPV ワクチンについては小学校6年生から高校1年生までの女子が公費による定期接種をすることができます。そのほか、性的接触が感染原因の1つである B 型肝炎にもワクチンがあり、2019年から乳児を対象とした公費による定期接種がはじまっています。

海外では男子も HPV ワクチンを接種していますよ。日本でも一部の自治体で男子への助成がはじまりました

ワーク
1

パートナーと性感染症の予防について話し合おう

・・

① 2人1組になって、パートナーと性感染症を予防するためにどう話し合うか練習してみましょう。

　例：一緒に検査を受けようと誘う。

　　　コンドームを使おうと促す。

　　　HPV ワクチンを打ったか、聞いてみる。

・・

② 性感染症を予防するためにはどうすればよいか書いてみましょう。

・・

③ 今回初めて知ったこと、感じたことを書いてみましょう。

> ## ワーク 2 子宮頸がんのことをもっと知ろう

① 下のグラフを見て、気づいたことを話し合ってみましょう。

● 子宮頸がんの年齢別罹患率（2019年）

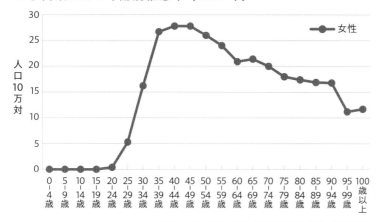

出典：がん情報サービス「がん種別統計情報　子宮頸部」
https://ganjoho.jp/reg_stat/statistics/stat/cancer/17_cervix_uteri.html

国内では年間1万1000人程度（2019年）と診断されています。子宮頸がんで命を落とす人は年間2900人（2021年）と報告されています

若い人が多くかかっているんですね。こわいな

そうです。子育て世代に多いことから「マザーキラー」ともいわれる病気です

② 子宮頸がんを予防するにはどうすればよいでしょうか。その理由についてもまとめてみましょう。

【予防法】

【理由】

> **コラム**

がん検診の大切さを覚えておこう

　　HPVワクチンは、性的接触の経験がまだないときに接種すると、もっとも効果が高い予防法です。性的接触の経験をした女性は、ワクチンを打っていたとしても、子宮頸がんの検診を2年に1回、定期的に行います。
　　また、性感染症ではありませんが、日本人女性がなりやすいがんの一つに、乳がんがあります。特に30代後半から乳がんにかかる女性が急増します。乳がんも、対象年齢（40歳）になったら定期的な検診が重要です。女性の家族がいる人は、乳がん検診を受けているか、聞いてみましょう。みなさんのからだと身近な人の健康を守るために、がん検診の大切さを覚えておきましょう。

4 性感染症の治療と検査
かかったかもしれないときは保健所や病院へ

ここまで性感染症のことを学習してきて「もし性感染症にかかったらどうしよう」と心配になってしまった人もいるかもしれません。でも性感染症の多くは、早期に発見し治療すれば治る病気なので、過剰に恐れることはありません。ここでは、性感染症の検査と治療について学んでいきます。

クイズ

次のうち、性感染症の早期発見につながる正しいものはどれでしょうか？（複数あります）

① 定期検査をする。
② 新しいパートナーができたら検査をする。
③ 日ごろから自分のからだを観察する。
④ 医療機関に相談する。
⑤ 自然治癒のため放置しておく。

■ 教員と保護者向け　**伝え方のポイント**

もし性感染症にかかったかもしれないと心配している生徒がいたときに、大人は何ができるでしょうか。まずは、困ったときには信頼できる大人や医療機関が相談に乗ってくれるということを伝えておくことが大切です。

ここまでの学習で、性感染症は特別な人がかかる珍しい病気ではないということ、性感染症にかかることは恥ずかしいことではないということが、生徒たちには十分伝わっていると思います。ここでは、正しい検査や治療の情報を伝えましょう。性感染症は、検査と治療が大切です。不安のある生徒が早めに保健所や医療機関につながることができるよう、サポートしましょう。

理解のステップ

性感染症は早期発見・早期治療が
大切だと理解する

早期発見の方法・検査
について理解する

具体的な治療法について理解する

答え：④、①、②、③、④

性感染症にかかったかもしれないときには

　もし性感染症にかかったかもしれないと思ったら、身近な大人や保健所、医療機関に相談しましょう。性感染症は自然治癒が難しく、そのまま放置すると、重症化してしまうこともあります。少しでも気がかりなことがあれば、医療機関につながり、早めに発見して、治療することが大切です。

- ● 症状はないが、心配な場合　――→　保健所
- ● 男性器に症状がある場合　――→　泌尿器科
- ● 女性器に症状がある場合　――→　産婦人科
- ● 喉に症状がある場合　――→　耳鼻咽喉科
- ● 皮膚に症状がある場合　――→　皮膚科

性感染症の検査

　病院ではまず検査を行います。検査では尿、おりもの、血液、あるいはイボや水ぶくれの状態を調べます。病院だけでなく、自宅で検査できるキットもあります。HIV の検査は、保健所などで無料で行っています。

　日本人は検査の習慣がある人が少ないのですが、新しいパートナーと初めて性的接触をする前にはお互いに検査をしておくことが安心です。また、違和感を覚えたり症状が出たりしたらすぐ検査に行けるように、日ごろの自分の性器の状態を把握しておくことも大切です。

性感染症の治療

　性感染症の治療法には、抗生物質や薬、軟膏（なんこう）など病気に合わせてさまざまなものがありますが、ほとんどの性感染症は初期であれば、重大な影響を残さずに治療することができます。また、治療は必ずカップルで受けることが大切です。もし自分が性感染症にかかっていたら、必ずパートナーに伝えます。

 病院で性器を見せたりするのが恥ずかしくて、行きたくないです。

 恥ずかしいという気持ちもわかりますが、放置するほうが危険です。からだの悩みを専門の相談員に話せる相談窓口もあります。気になる場合は、まずは LINE などで相談してみましょう。

思春期・FP 相談 LINE

相談内容の秘密は守られるので安心してください

性感染症の検査や治療法を調べてみよう

以下の性感染症の検査と治療法を調べて、書いてみましょう。

	検査	治療法
性器クラミジア		
淋菌		
尖圭コンジローマ		
梅毒		
性器ヘルペス		
HIV		

| ワーク 2 | 性感染症の早期発見・早期治療のための 具体的な行動を考えよう |

① 性感染症の発見が遅れてしまう理由について考えてみましょう。

もし自分がかかってるかもと思っても、こわくてなかなか病院には行けなそう

でも放っておいたらどんどん悪くなっちゃうんだよね

まわりに検査をしたって人もいないから、相談しづらいよね

② 早期治療がどうして大切か、その理由を調べて書いてみましょう。

確か早期に治療しないと不妊になる病気があったよね

早期に治療しないと命に関わるものもあったよ

放っておくと自分が重症化してしまうのもそうですが、そのままほかの人と性的接触をしたらどうなるでしょうか

第4章　性行為と避妊

1　性行為の基本
人間はなぜ性行為を行うのか？

 「性行為」と聞くと、どのように感じますか？　「恥ずかしい」と感じる人もいるかもしれません。ではなぜ「恥ずかしい」と感じるのでしょうか。人の性行為は動物と違い、子孫を残す以外の目的があるのが関係しているからかもしれませんね。ここでは、人間の性行為について学んでいきましょう。

クイズ

次のうち、相手の同意がかならず必要な行為はどれでしょうか？（複数あります）

① 　視線や言葉を交わす
② 　ふれあう
③ 　性行為
④ 　手をつなぐ
⑤ 　唇にふれる

■ 教員と保護者向け　伝え方のポイント

　この章は、メインターゲットを高校生に設定しています。なぜなら、中学校の学習指導要領で「妊娠の経過は取り扱わないものとする」と示されたいわゆる「はどめ規定」が記載されているためです。しかし、「はどめ規定」の内容に関しては、学校全体と保護者と地域の理解を得て、集団指導と個別指導を使い分ければ教えてはならないものではありません。性行為について正しい知識を身につけないでいると、インターネットや友だちから見聞きした知識を鵜呑みにし、誤った認識をしてしまうことが多くあります。そのようなことがないよう、中学生のうちから、正しい性行為の知識を伝えることをおすすめします。

理解のステップ

```
人間の性行動と動物の生殖活動の
違いを理解する
```
↓
```
性行為の目的について理解する
```
↓
```
正しい性行為の知識を得る
```

答え ⑤〜②

人間は生殖を目的としない性行為を行う

　生き物は進化の過程で、さまざまな方法で子孫を残そうとします。多くの陸上動物は、メスのからだにオスが生殖器を挿入して精子を届け、受精をします。これを「交尾」といいます。しかし、人間の場合は「交尾」とはいわず、「性交」といいます。

性行動とは?

　「性行動」とは性的関心や性的欲求に従って行われる行動です。性行動は「自分や他者の身体のふれあいを楽しみたい」といった欲求であり、人間としてごく自然な感情の1つです。性的な行為については、下記のような言葉があります。

> **性行動** …… 性的関心や性的欲求に従って対象になる者との間で行われる行動
> **性行為（性的接触）**…… 性的欲求から性器と性器、性器とからだ、からだとからだが接触すること
> **性交** …… 性的欲求に基づく性器への接触や性器同士の結合のこと

性行為とは?

　人間の性行為には3つの側面があります。1つ目は子孫を残すための生殖行為です。2つ目は快楽・コミュニケーションのための性行為です。3つ目は暴力・搾取の性行為です。自分だけの快楽を満たすための性行為は、性暴力につながる危険もある行為です。人の性行為は、パートナーとの信頼関係が何よりも大切なのです。

● **人間の性行為のポイント**

> ① 生殖のため（子孫を残すための性行為）
> ② 快楽・コミュニケーションのため（パートナーとのふれあいのための性行為）
> ③「暴力・搾取」となるべきではない

 Q **10代で性行為を経験している人は多いと聞いたけれど、本当?**

 A 日本財団が実施した「10代の性行為」をテーマにしたアンケートによると、性行為の経験がない人が8割弱でした。みなさんは多いと感じるでしょうか。少ないと感じるでしょうか。

● **10代での性行為の経験の有無**

はい **23.6%**
いいえ **76.4%**

思っていたより少ない!

出典：日本財団「18歳意識調査−第39回テーマ『性行為要約版』」をもとに作成

ワーク 1 好きどうしなら、性行為は OK ？

グループに分かれ、ディカッションしてみましょう。賛成派、反対派の意見をまとめ、グループの見解を発表しましょう。

テーマ【男女の高校生カップル、性行為をしても OK ？】
① 6 人 1 組のグループに分かれる
② 各グループで賛成派と反対派の二手に分かれる
③ 賛成、反対の理由をそれぞれ考えてまとめる
④ グループ内でディスカッションを行い、議論を深める
⑤ 各グループで意見をまとめる

賛成	反対

賛成派 お互いが好きで、同意があれば OK でしょ

反対派 もし妊娠したら、どうするの？責任がもてるの？

パートナーとのコミュニケーションを目的とする性行為は、お互いが対等の立場で信頼関係がなければ成立しません。パートナーと信頼関係を築くためには、高度なコミュニケーションが必要です。特に自分だけの快楽を満たすための性行為は、相手を傷つける可能性があり、注意が必要です。その点を踏まえたうえで、よく話し合いましょう

コラム

高校生どうし、本当に性行為をしても大丈夫？

　思春期のみなさんは、性に関する感情も身体的な発達も未成熟な段階です。性行為について、一度 OK を出したとしても次の日には気持ちが変わっている可能性もあります。思春期でなくても、時と場合によって人間の気持ちは揺れ動くものです。本人以外、誰もその気持ちを強制することはできません。だからそのつど、パートナーの同意を確認して、どちらかに少しでも「性行為はしたくない」という気持ちがあった場合は、「しない」選択をしてください。

　また性行為は、妊娠する可能性や性感染症のリスクもはらんでいます。「何歳になったらしてもいいの？」とよく聞かれますが、年齢で決まるものではありません。相手を思いやり、リスクや対処法を知り、お互いを守る行動ができるようになったときです。困ったら相談できるということも大切です。

ワーク 2　理想の付き合い方を考えてみよう

以下のような「交際の 12 段階」というものがあります。以下の行為を、「a　友だちどうしでもする行為」「b　カップルの関係でする行為」「c　性感染症や妊娠のリスクがある行為」の 3 つに分けてみましょう。

交際の12段階

① 目と目が合う　　⑤ 肩に手をまわす　　⑨ 唇がふれる
② 言葉を交わす　　⑥ 腰に手をまわす　　⑩ 互いの性器にふれる
③ 並んで歩く　　　⑦ 近い距離で向き合う　⑪ 裸で接触する
④ 手をつなぐ　　　⑧ 見つめ合う　　　　⑫ 性行為をする

a	友だちどうしで する行為	
b	カップルの関係で する行為	
c	性感染症や妊娠の リスクがある行為	

 ⑧以降は友だちとはしないよね

わたしはもし好きな人と付き合ったとしてもまだ⑤までしか無理だな

ここに挙げたすべてのステップは、お互いの同意の確認が必要です。必ずしもこの順番でなくてもいいですが、お付き合いをしてすぐ⑫のステップにいくのはおかしいですよね。もし自分は⑫のステップまで早く進みたいと思っていても、相手は④までで満足しているかもしれません。お付き合いは相手とよく話し合い、二人の気持ちを確かめ合いながら、進みましょう

2 セルフプレジャーって何?
自分の欲求は自分でコントロールする

「セルフプレジャー」という言葉を聞いたことがない人も多いでしょう。でも、「マスターベーション」や「オナニー」といった言葉は知っている人も多いのではないでしょうか。ここでは、自分の性的欲求をコントロールする手段について学んでいきます。

クイズ

次のうちセルフプレジャーの役割として正しいものはどれでしょうか？(複数あります)

① 性交の疑似体験
② ストレス解消
③ 性的快感を味わう
④ 性的指向の理解
⑤ 性的欲求の処理

■ 教員と保護者向け 伝え方のポイント

前項では性行為を取り上げましたが、性行為は相手の同意が必要なものです。自らの欲求を満たすために同意なく他人のからだを使うことはできません。だからこそ、自分の欲求を自分でコントロールするためのセルフプレジャーのことも教える必要があります。オナニー、マスターベーションという従来の言い方にはマイナスな、恥ずかしいイメージをともなうため、近年「セルフプレジャー」という言葉がよく用いられるようになりました。

セルフプレジャーの注意点は以下の3つになります。1つ目は「セルフプレジャーはけっして恥ずかしい行為ではないこと」。2つ目は「セルフプレジャーを行うにはエチケットがあること」。そして3つ目は「安全なセルフプレジャーのやり方を学ぶこと」です。この3つを伝え、生徒が安全なセルフプレジャーを行えるようにしましょう。

理解のステップ

> セルフプレジャーの
> 役割を理解する

> セルフプレジャーの
> エチケットを理解する

> 安全なセルフプレジャーの
> やり方を身につける

セルフプレジャーって何？

　セルフプレジャーとは、自分の手などで性器を刺激し、性的快感を得る行為を指します。オナニーやマスターベーションといった言葉で表される自慰行為をポジティブにとらえるためにつくられた新しい用語です。セルフプレジャーは、性別にかかわらず、誰がしてもいいですし、誰もがするものでもありません。セルフプレジャーをしない人もいます。

セルフプレジャーのさまざまな役割

　思春期に入ると多くの場合、性的欲求が高まります。しかし、性的欲求をすべて性行為で満たすことは、たとえ交際相手がいたとしても難しいでしょう。なぜなら性行為には、必ず相手の同意が必要だからです。そのようなときに、セルフプレジャーで自分の欲求をコントロールするという方法があるのです。それ以外にもセルフプレジャーには下記のようなさまざまな役割があります。

● セルフプレジャーの役割

- ・性交の疑似体験　　　　・性的志向の理解
- ・ストレス解消　　　　　・性的欲求の処理
- ・性的快感を味わう

セルフプレジャーは恥ずかしいことでも悪いことでもない

　セルフプレジャーをするときに後ろめたさを感じている人もいるのではないでしょうか。セルフプレジャーはけっしてネガティブな行為ではなく、自然な行為の1つです。また、セルフプレジャーをしすぎるとからだに悪い、頭が悪くなる、性ホルモンが過剰分泌されて死に至る（テクノブレイク）などの話を聞いたことがある人もいるかもしれませんが、これらはすべてデマです。

Q セルフプレジャーが嫌いです。全然気持ちよくありません。変でしょうか。

A 変ではありません。性別にかかわらずセルフプレジャーが好きな人もいれば嫌いな人もいます。セルフプレジャーで射精しない人もたくさんいます。またすごく気持ちいいときもあれば、気持ちよくないときもあり、からだや精神的なコンディションによっても変わります。ですから、セルフプレジャーが嫌いという人がいてもいいのです。

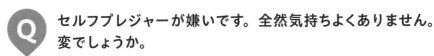

自分もそんなことやってみたいとは思わないな……

ワーク 1　セルフプレジャーをするときに気をつけることを知ろう

セルフプレジャーはどこですればいいでしょうか。気をつけなければならないことを知っておきましょう。

① セルフプレジャーは、どこで行えばよいでしょうか。

> 第1章で、人にはそれぞれ勝手に踏み入れてほしくない「バウンダリー」という境界線があるといった話をしましたね。セルフプレジャーは、プライベートゾーンをさわる行為であり、人に踏み入れてほしくないバウンダリーの領域です。一人だけの空間で行えば、人に見られる心配はないですね

② そのほかに気をつけることがないか考えてみましょう。

> 片づけも責任をもってしないとね

コラム

セルフプレジャーを安全に行うには

セルフプレジャーの経験がある人は、どのように行っていますか。大切なプライベートゾーンにふれる行為ですから、安全に行う必要があります。まずは必ず手洗いをしましょう。そしてあまり強い刺激を与えないようにしてください。強い刺激に慣れてしまうと、性器を傷つけてしまったり、男性の場合には、性交の際に、女性の柔らかい腟（ちつ）のなかで射精ができなくなる可能性もあります。

● こんなセルフプレジャーはダメ！

- 爪が伸びた不潔な手でふれる
- 強すぎる刺激を与える

ワーク 2　不適切なセルフプレジャーやデマ情報について調べよう

① 不適切なセルフプレジャーの方法について調べてみましょう。

床や布団にこすりつけたり、足をピンと伸ばすセルフプレジャーは不適切な方法です。もしそのようにしている人がいたらやめましょうね

正しい方法と間違った方法があるなんて知らなかった！

②「腟内射精障害」について調べてわかったことを書いてみましょう。また、「腟内射精障害」になると、将来、どんなことで困ると思うかを考えてみましょう。

将来子どもがほしくなったときに困るってことかな……？

③ セルフプレジャーに関するデマ情報を知っていたら書いてみましょう。どこでその情報を知ったのかも書いてみましょう。

やりすぎると背が伸びなくなるって友だちから聞いたことがある！

それもよくいわれるデマ情報の1つですよ

3 さまざまな避妊法
100%の避妊法はない

性交には、常に予期せぬ妊娠や性感染症のリスクがともないます。思春期のみなさんはまだからだも心も成長の途中であり、妊娠はまだまだ先のことかもしれないですね。自分が望んだときに妊娠ができ、望まない期間は妊娠をしないよう、正しい避妊の知識を学んでいきましょう。

クイズ

次のうち、100% 避妊できる方法はどれでしょうか？

① コンドーム
② 低用量ピル
③ 子宮内避妊具
④ 射精前に性器を腟から抜く「腟外射精」
⑤ 性交しない

■ 教員と保護者向け　**伝え方のポイント**

　10代の性交経験者のうち、避妊の必要を感じていない人が一定数いるのが現状です。その多くは、「自分は大丈夫」「面倒くさい」「その場のノリを大切にしたい」といった理由で避妊をしていません。生徒たちは避妊について十分な知識がないため、こうした考えになるのも無理はありません。ただし、意図せぬ妊娠で困るのは生徒自身です。生徒たちが自分のからだを守るようになるために、正しい避妊の知識を教えることは必須です。

　妊娠は、男女両方の問題です。子どもを産むかどうかを決められるのは産む本人のみですが、パートナーも「意図せぬ妊娠をさせない」ために知識をもって、日ごろから避妊について二人で話し合っておくことが大切です。生徒たちが正しい知識を身につけられるよう導いていきましょう。

理解のステップ

> 100% 避妊できる方法は
> ないと理解する

↓

> 正しい避妊法の知識を
> 身につける

↓

> パートナーと避妊について話し合える
> 関係を築く大切さを理解する

⑤

避妊法に絶対はない

　妊娠を防ぐ手段のことを「避妊」といいます。どんなに自分たちが「妊娠をしたくない」と思っていても、性交をする場合、100% 安全な避妊法はありません。どうしても妊娠したくない場合には、「性交をしない」のが最も確実です。避妊には、「自分は大丈夫」といった根拠のない自信は禁物です。妊娠を望んでいるときにのみ妊娠できるよう、適切な避妊法と、意図せぬ妊娠をしたときの相談先を知っておくことが大切です。

コンドームのつけ方

　代表的な避妊法にコンドームがあります。コンドームとは薄いゴム状の袋でできているもので、男性器にかぶせて使用し、精子が腟内に入るのを防ぎます。ただし、正しく装着しないと使用中に破けたり、装着時に爪で引っ掛けて破れたりします。コンドームの避妊率は85〜98％といわれています。

● コンドームのつけ方

包皮をむいて、亀頭を露出したあと、精液だめの空気をにぎりながら男性器の上にかぶせる　　包皮を根元にひっぱりながら根元まで巻き下ろす　　包皮と一緒に持ち上げる　　根元まで残りも巻き下ろす

コンドームは必ずつけよう

　コンドームをつけるのが面倒くさいという人がいますが、パートナーを妊娠させたくないのであれば、必ず装着するようにしましょう。女性用の避妊器具もありますが、産婦人科を受診する必要があり、男性用のコンドームほど簡単には手に入りません。コンドームは、ドラッグストアやコンビニでも売っており、値段も手ごろです。もし性行為をする可能性がある場合には事前に購入して、装着の練習をしておきましょう。

射精する前に男性器を抜いたら、避妊できるって聞いたけど本当？

　射精の前に腟から男性器を抜く方法を「腟外射精」といいます。「腟外射精」は正しい避妊法ではありません。また、同じように「安全日に性交する」「月経中に性交する」といった方法も不確実なので、妊娠する可能性があります。パートナーの同意を得ず、避妊をしないで性交をするのは性暴力に当たりますので、正しい避妊法で避妊を行いましょう。

排卵日〜次の月経までは妊娠しづらい時期とされていますが、絶対に妊娠しない「安全日」というものはありませんよ

妊娠しやすい時期、妊娠しづらい時期っていつ？

月経周期と基礎体温によって排卵日を予測し、妊娠しやすい排卵日の性交を避ける避妊法を「基礎体温法」といいます。基礎体温法は不確実な避妊法のため、これだけで避妊することは難しいですが、みなさんが妊娠しやすい時期、妊娠しづらい時期について知っておくことは大切なことです。

 27ページの月経と基礎体温の変化例のグラフをもう一度見てみましょう。月経の約14日前、基礎体温は低温期からさらに体温が下がった日が排卵日と予測されます。さて、卵子の寿命は1日、精子の寿命は3〜7日といわれています。下のグラフのどの時期に性交をすると、妊娠しやすいといえるでしょうか？

● 月経と基礎体温の変化例

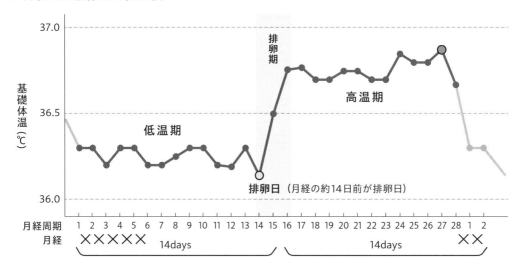

出典：公益社団法人女性の健康とメノポーズ協会ホームページをもとに作成

 精子は7日間生きるっていうことは、排卵日よりだいぶ前に性交しても妊娠させる可能性があるの!?

排卵日の7日前から、排卵日の翌日くらいまでは妊娠の可能性があるってことじゃない？

 そういえば、月経アプリを使ってるけど、「排卵日予測」って出てくるね

でもわたし、生理不順だからそもそも排卵日がいつなのかが出せなさそう

 月経アプリの排卵日予測は、基礎体温をきちんとはかっていない限りは不確実だと覚えておきましょう。排卵日は、基礎体温をはかる方法のほかに、薬局で買える検査薬でもわかります。ただ、コンドームとの併用は必須ですよ！

ワーク 2 避妊法のメリット、デメリットについて調べてみよう

主な避妊法には下記のようなものがあります。

コンドーム

男性器に装着することで、女性の腟に精子が入ることを防ぐ。

ピル

女性が、女性ホルモンの入った薬を飲むことで、排卵を止めて避妊する。婦人科の受診が必要。

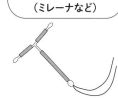

子宮内避妊具
（ミレーナなど）

子宮内に装着することで、受精卵が子宮に着床するのを防ぐ。子どもを産んだことのある人で、長期で避妊を希望している人に向いている。

それぞれの値段、買える場所、避妊率、メリット・デメリットについて調べて書いてみましょう。

	コンドーム	ピル	子宮内避妊具
値段			
買える場所			
避妊率			
メリット			
デメリット			

4 性行為のリスク
意図せぬ妊娠を防ぐために知っておきたいこと

性行為には、相手とのふれあい・コミュニケーションという側面がある一方、リスクがともないます。ここでは、具体的な性行為のリスクについて学びます。みなさんがもし今妊娠をしたり、相手を妊娠させた場合、産まれる子どもを育てることは可能でしょうか。よく考えてみましょう。

クイズ

次のうち若年妊娠の定義として正しいものはどれでしょうか？

① 15歳未満の妊娠
② 18歳未満の妊娠
③ 18歳以下の妊娠
④ 20歳未満の妊娠
⑤ 20歳以下の妊娠

■ 教員と保護者向け **伝え方のポイント**

　どんなにきちんと避妊をしていたとしても意図せぬ妊娠をすることはあります。生徒は、そのリスクを知ると同時に、リスクを避ける方法、つまり妊娠したとき、性感染症になったときにとるべき行動、相談できる先を具体的に学ぶことが大切です。「最も確実な避妊方法は性行為をしないこと」であるということを、「禁止」という言葉でおさえたり、リスクだけを話しておどすのではなく、生徒たち自身のライフプランを予想してもらいながら、ポジティブに伝えられるようにしましょう。

　また、すでに妊娠や中絶の経験がある生徒がいる可能性もあります。リスクを話すときにはそのことへの配慮を忘れないでください。

理解のステップ

> きちんと避妊をしていても
> 妊娠のリスクがあることを理解する

↓

> リスクを避ける方法、
> 相談できる先を知る

↓

> 最も確実な方法は「性交しない」
> ことであると理解する

若年妊娠はからだにも負担がかかる

　「若年妊娠」とは、20歳未満で妊娠することをいいます。若年妊娠が問題になるのは、意図せぬ妊娠が大半だからです。その背景には性への知識不足などが影響しています。10代の妊娠は、身体が成熟していないため、「早産になりやすい」「赤ちゃんが小さく生まれやすい」などのリスクをともないます。10代は妊娠することは可能だけれども、出産・子育てに適した状況かどうかは、一人ひとり異なります。もし妊娠したら、妊娠させたら自分にとってどんなサポートがあるのか考えてみましょう。

性交後に妊娠を防ぐ方法もある

　性交後でも妊娠を防ぐ方法があることを知っていますか。「緊急避妊薬（アフターピル）」といって、性交後の72時間以内に服用すると、80〜90%妊娠を避けることが可能な薬です。避妊に失敗したときや性被害にあったときに有効です。アフターピルは100%妊娠を防げるものではありませんが、性交後に避妊できる唯一の薬ですから、万が一のときのために覚えておきましょう。この薬は、基本的には婦人科で処方してもらうものですが、2023年11月からは一部の薬局でも購入することができるようになりました。

> アフターピルの値段は7000〜2万円くらいで、保険証はいらないんですね

> アフターピルを服用するときは緊急性が高い状況だと思います。もし、性被害にあった場合は、自治体から無料でアフターピルを処方してもらえます。まずは性被害者のための支援センターにつながるダイヤル「#8891」に電話してください。オンライン診療などもありますよ

性交には性感染症のリスクがある

　3章でくわしく学んだので、10代であっても性交をする場合には性感染症のリスクがあるということをみなさんは知っているはずです。特に不特定多数の人と性行為をすると、性感染症になる確率は高まります。たった一人の相手だとしても、新しいパートナーともし性行為をする場合は、行う前に、パートナーと一緒に検査を受けることを推奨します。

Q 若年妊娠で生まれた子どもはどのくらいいるの？

A 2022年の出生数によると、20歳未満の若年妊娠で生まれた子どもの数は4558人でした。

> 自分で育てるほかに、育ててくれる人に赤ちゃんを託したりする場合があります

● 母親の年齢（5歳階級）別にみた出生数

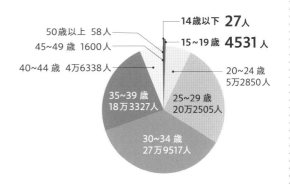

- 14歳以下 **27人**
- 15〜19歳 **4531人**
- 20〜24歳 5万2850人
- 25〜29歳 20万2505人
- 30〜34歳 27万9517人
- 35〜39歳 18万3327人
- 40〜44歳 4万6338人
- 45〜49歳 1600人
- 50歳以上 58人

出典：厚生労働省「令和4年（2022）人口動態統計（確定数）の概況」2023年をもとに作成

10代で妊娠して子どもを産み育てたらどうなる?

もし自分が10代のうちに妊娠したら（させたら）、あるいは25歳だったら、35歳だったら、どんな将来が待っているかグループで話し合ってみましょう。また、子どもを産む場合、学校、生活、お金、将来、パートナーとの関係はどうなるのか考えてみましょう。

学校	・10代だったら	・25歳だったら	・35歳だったら
生活	・10代だったら	・25歳だったら	・35歳だったら
お金	・10代だったら	・25歳だったら	・35歳だったら
将来	・10代だったら	・25歳だったら	・35歳だったら
パートナーとの関係	・10代だったら	・25歳だったら	・35歳だったら

何歳でも、もしパートナーが逃げたらどうしようと思っちゃう

10代だったら学校をやめなくちゃいけないのかな……

10代に限らずどんな年代でも、みなさんが子どもを「産む」ときには、子育てをサポートしてくれる環境や、学校・会社・仕事・資格取得、家族の介護など、さまざまな問題があります。みなさんにとって理想的な子育てのタイミングを叶えるためにも、避妊が大切であることがわかりますね

ワーク 2　性行為にともなうリスクや アフターピルについて調べてみよう

① 性行為にともなうリスクについてここまで学んだことをもとに書いてみましょう。

② 性行為にともなうリスクを防ぐためにはどうすればよいか書いてみましょう。

③ アフターピルはどこで入手できるのか、インターネットで調べて入手方法を書いてみましょう。

アフターピルがあれば安心ってことなのかな？

アフターピルの効果は100％ではありません。また、吐き気などの副作用もあります。アフターピルは万が一のためのものだということを覚えておきましょう

コラム

あなたが16歳未満の場合には、相手が罰されるリスクも

　2023年の刑法改正により、性交同意年齢が13歳から16歳に引き上げられました。これは、16歳未満の子どもに対して性行為やわいせつな行為をした人を罰するもので、もしあなたが16歳未満の場合には、たとえ同意をしていたとしても相手は罰せられます。ただし、これは相手が5歳以上年長の場合にのみ適用されるものになり、未成年の未熟さにつけ込んで性行為を行おうとする大人を罰するための規定です。

性的な行為が目的で大人が未成年に近づくことを「グルーミング」といいます

5 それでも意図せぬ妊娠をしたときには？
さまざまな方法があることを知っておこう

 ここまで、避妊や10代での妊娠・出産のリスクのことを学んできました。でも、もし実際に妊娠したらどうすればいいのでしょうか。まずは信頼できる大人に相談することが大切です。また、「産まない」判断をしたときのために、中絶についても知っておきましょう。

クイズ

もし意図せぬ妊娠をしたとき、「産む」「産まない」の判断は誰の意見が最も優先されるべきでしょうか？

① 産む本人
② パートナー
③ 本人とパートナー二人で相談して
④ 親
⑤ 産婦人科医

■ 教員と保護者向け　**伝え方のポイント**

　もし生徒から、自身のお子さんから「妊娠したかもしれない」と相談されたら、みなさんはどう反応するでしょうか。厳しく叱責してしまうかもしれません。でも少し待ってください。本人は悩みに悩んで、ようやく打ち明けたのかもしれません。

　若年妊娠では、大人がSOSに気づかずに、妊娠を知ったときにはすでに中絶可能な時期を過ぎているケースがみられます。ですから、「もし妊娠しても大人は親身になって相談を受けるよ」ということを伝えておくことは大切です。適切な情報を伝えたうえで、「産む」「産まない」の選択は産む本人に決める権利があると伝えましょう。

理解のステップ

「妊娠したかもしれない」という悩みは
一人で抱え込まないことが大切と知る

産むかどうかの判断は
自分で決めることができると理解する

さまざまな選択肢があることを
知ったうえで「産まない」という選択を
した場合の中絶方法について理解する

答え　① ※人工妊娠中絶にはパートナーの同意は必要ないが、病院によっては、未成年の場合、保護者の同意が必要なことが多い。

妊娠しているかもしれないと思ったら

　もし月経が予定より1週間以上遅れている場合は、妊娠検査薬で妊娠しているかどうかを確認しましょう。妊娠検査薬は薬局、ドラッグストア、コンビニなどで買うことができます。市販の妊娠検査薬の多くは、性行為をした日から3週間後であれば正確に判定することができます。それより前だと、妊娠していても検査薬が反応しない可能性があります。

まずは産婦人科へ

　妊娠検査薬でもし陽性判定が出たら、産婦人科へ行きましょう。産むとしても産まないとしても、産婦人科に行くことが大切です。なぜなら妊娠には正常な妊娠だけでなく、異常があるパターンがあるからです。妊娠の異常のなかでも、子宮以外の場所に受精卵が着床してしまう「異所性妊娠（子宮外妊娠）」は、そのまま放置していると、命に関わります。正常な妊娠かどうかは病院でないと判断できません。なお妊娠の場合、保険証は不要ですが、金銭的な心配がある人は住んでいる都道府県の「にんしん SOS」の相談窓口や保健センターに相談してみましょう。

中絶とは？　中絶手術とは？

　妊娠したけれども「産まない」選択をした場合は、「人工妊娠中絶」という方法で妊娠を中断させることになります。日本では「母体保護法」という法律で、中絶ができる時期や手術の方法が定められています。妊娠22週目以降は、胎児の権利が上まわり、人工妊娠中絶ができません。また、中絶には初期と中期があり、早ければ早いほどからだの負担は少なくなります。早めに産婦人科で相談することが大切です。

● 妊娠周期と中絶可能な時期

月数	1か月				2か月				3か月				4か月				5か月				6か月				7か月				8か月				9か月				10か月			
週数	0	1	2	3	4	5	6	7	8	9	10	11	12	13	14	15	16	17	18	19	20	21	22	23	24	25	26	27	28	29	30	31	32	33	34	35	36	37	38	39	40

←――初期人工妊娠中絶――→　←―中期人工妊娠中絶―→　←―――人工妊娠中絶ができない―――→

↑
最終月経の初日を0週1日とする

初期人工妊娠中絶

- 時期：妊娠11週まで
- 費用：10万〜15万円程度
- 法律上の扱い：人工妊娠中絶
- 内容：手術と内服薬の2通りがある。手術の場合麻酔を使い、通常10〜15分程度で済む。痛みはほぼない。体調に問題なければその日のうちに退院できる。2023年4月に承認された経口中絶薬による中絶は9週0日までに限り行うことができる。

中期人工妊娠中絶

- 時期：12週〜21週6日目まで
- 費用：35万〜40万円
- 法律上の扱い：人工死産
- 内容：人工的に陣痛を起こし、流産をさせる方法。麻酔は使わないことが多く、痛みをともなう。数日間入院が必要。役所に「死産届」を出す。

5

それでも意図せぬ妊娠をしたときには？‥さまざまな方法があることを知っておこう

ワーク 1　もし妊娠したらどうする？

① もし妊娠したら誰に相談する？　相談できると思う大人を3人書いてみましょう。

相談できる人	理由

② インターネットで「にんしんSOS」と検索し、調べてみましょう。住んでいる都道府県の相談窓口についても調べてみましょう。

コラム

子どもを産むか産まないかは産む人自身が決めるけど……

　子どもを産むか産まないかを決められるのは、親でもパートナーでもなく、妊娠した本人です。「産むか、産まないか」の判断は産む人にのみ与えられた権利なのです。とはいえ、みなさんはまだ高校生で、経済力もありません。妊娠したらさまざまな影響があることをすでに学んできたでしょう。産むか産まないかを決めるときには、子どもを産み、育てられる状態なのかを判断しなければなりません。また、自分で産んで育てる以外にも、養子縁組など「産んでたくす」という方法があることもぜひ知っておきましょう。

● 妊娠したら考えられる選択肢

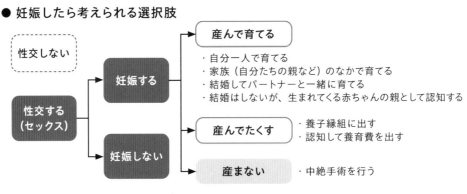

出典：「まるっと！まなブック」（令和5年度厚生労働省科研費　荒田班）をもとに作成

ワーク 2　もしパートナーが中絶することになったら……

① 相手が中絶するときの気持ちやからだの負担について考えましょう。

> **気持ち**
>
>
> **からだの負担**

② パートナーにできることは何があるでしょうか。パートナーとしてふさわしい態度や行動を
　考えてみましょう。

妊娠は二人の問題なのに、からだにも
心にも負担がある中絶は女性だけがする
なんて、なんだかつらいね……

中絶手術には相手の同意書が必要なことも
ありますし、妊娠も中絶も二人の問題です。
相手にも当然責任があるものですよ

射精には責任がともなうんだ

困ったときの相談窓口

悩みを人に相談するのは恥ずかしいし、相談したことで責められることがこわくてできないと思っている人もいるかもしれません。でも、みなさんには困ったときには相談できる権利があります。もし身近な人に相談しづらい悩みがあるときには、専門家に相談をしてみましょう。ここでは、悩み別に相談窓口を紹介します。

※各データは2024年6月時点のものです。変更や削除される場合もあります。

性の悩み・からだの悩みがあるとき

● 思春期・FP相談LINE（ライン）
（一般社団法人日本家族計画協会）

思春期の体についての心配ごとを、専門の相談員に相談できる。

TEL：03-3235-2638
（平日10:00－16:00受付）

● よりそいホットライン「セクシュアルマイノリティ専門ライン」
（一般社団法人社会的包摂サポートセンター）

性別の違和や同性愛、アウティングなどに関する悩みについて相談できる。

TEL：0120-279-338
（岩手県・宮城県・福島県は0120-279-226）

（24時間受付、通話料無料）

● SHIP・ほっとライン
（特定非営利活動法人SHIP）

セクシュアリティや性病の悩みなどについて、専門の相談員に電話で相談できる。

TEL：045-548-3980
（毎週木曜日19:00-21:00）

> からだのことを専門家に相談できるのは安心だね

誰かに話を聞いてほしいとき

● チャイルドライン
（特定非営利活動法人チャイルドライン支援センター）

18歳までの未成年であればとくに具体的な悩みがなくても電話やチャットで意見・相談ができる。

TEL：0120-99-7777
（毎日16:00-21:00、通話料無料、12月29日～1月3日は休み）

ネットでんわ

App Store 　　Google Play

（毎週月曜日16:00-21:00、通信料が発生する）

● あなたのいばしょチャット相談
（特定非営利活動法人あなたのいばしょ）

24時間365日、性別や年齢を問わず、チャットで誰でも無料、匿名で相談できる。

https://talkme.jp

生きているのがつらいと感じるとき

● 生きづらびっと
（NPO法人自殺対策支援センターライフリンク）

消えたい、生きていくのがしんどいときなど、SNSで相談できる。

https://yorisoi-chat.jp

（毎日8:00-22:30、22:00まで受付）

● よりそいホットライン
「自殺防止専門ライン」
（一般社団法人社会的包摂サポートセンター）

生きていくのがつらいほどの悩みについて、匿名で相談できる。

TEL：0120-279-338

（岩手県・宮城県・福島県は0120-279-226）

（24時間受付、通話料無料）

● BONDプロジェクト
（特定非営利活動法人BONDプロジェクト）

10代、20代の生きづらさを抱える女性専用の女性による支援。

TEL：080-9501-5220

（火曜日13:00～17:00
　木・土曜日13:00～17:00）

LINEでの相談：ID@bondproject

（月・水・木・金・土曜日
　10:00～22:00〔相談受付21:30まで〕）

> 名前をいうのは不安だから匿名で相談できるのはいいな

性暴力・性犯罪にあったとき

● 性犯罪被害相談
（警察庁）

性犯罪・性暴力被害などの相談に応じる警察の窓口。発信された地域を管轄する各都道府県警察の性犯罪被害相談電話窓口につながる。

ハートさん
#8103

（24時間受付、通話料無料）

● ワンストップ支援センター
（内閣府）

緊急避妊薬の処方や性感染症検査、証拠採取などの医療的支援やカウンセリングなどの心理的支援、警察への同行支援、弁護士などによる法的支援を行う。

はやくワンストップ
#8891

（24時間受付、通話料無料、一部のIP電話等からはつながらない）

警察に相談したいとき

● 緊急通報ダイヤル

事件や事故など、今すぐ警察に駆けつけてほしいとき。

#110

（24時間受付、通話料無料）

● 警察相談専用電話

ストーカー・DV・SNSでのトラブルなどを相談したい場合。発信された地域を管轄する各都道府県警察本部などの相談窓口につながる。

#9110

（平日8:30～17:15、通話料は利用者負担）

性暴力や DV（親しい相手からの性暴力）のことで相談したいとき

● チャット相談 Curetime（キュアタイム）
（内閣府）

性暴力の悩みについて、性別・年齢・セクシュアリティ問わず匿名で相談できる。

https://curetime.jp

（毎日17：00～21：00）

（日本語以外の相談、毎日17：00～21：00）

● DV 相談＋
（内閣府）

恋人など親しい間柄の人から受けている暴力について相談できる。

TEL：0120-279-889
（24時間受付、通話料無料）

チャット

（12：00～22：00受付）

インターネット上に書き込まれた誹謗中傷や個人情報などを削除したいとき

● 誹謗中傷ホットライン
（一般社団法人セーファーインターネット協会）

誹謗中傷やリベンジポルノなどの違法な書き込みを代わりに削除申請してくれる。

https://www.saferinternet.or.jp/bullying/

● 違法・有害情報相談センター
（総務省）

インターネットの書き込みの削除方法や、誹謗中傷を書き込んだ相手の特定のしかたなどを専門家がアドバイスしてくれる。

https://ihaho.jp

（web フォームのみ受付）

● インターネット・ホットラインセンター
（警察庁）

インターネット上の違法情報を匿名で通報できる。ホットラインセンターに情報提供・通報をすると、センターが警察、プロバイダおよびサイト管理者等、またフィルタリング事業者等にその情報を提供したり、対応依頼をしたりしてくれる。

https://www.internethotline.jp

削除依頼を代わりにしてくれるなんて心強いな

悩みを法律の専門家に相談したいとき

● 子どもの人権110番
（法務省）

いじめ、ネットトラブル、身近な大人（親や先生、コーチなど）からの暴力、性暴力について相談できる。

TEL：0120-007-110

（月〜金曜日8:30〜17:15受付、通話料無料、一部のIP電話等からはつながらない）

LINE 相談

（月〜金曜日の8:30〜17:15受付）

● 弁護士子ども SNS 相談
（第二東京弁護士会）

友だちのこと、家族のこと、お金の悩みなどを無料で相談できる。

LINE 相談

（日、火、木曜日19:00〜21:00）

妊娠したかもしれない、妊娠させたかもしれないとき

● 全国のにんしん SOS 相談窓口
（一般社団法人全国妊娠 SOS ネットワーク）

住んでいる地域のにんしん SOS の窓口を見つけることができる。

https://zenninnet-sos.org/contact-list

● にんしん SOS 東京
（認定 NPO 法人ピッコラーレ）

妊娠にまつわるすべての悩み、中絶後の悩みについて、電話やメール、チャットで相談できる。

TEL：03-4285-9870

（毎日16:00〜24:00、23:00まで受付）

メール

（24時間受付）

チャット

（月、水曜日20:00〜22:00、土曜日13:00〜15:00または20:00〜22:00）

参考文献

今井 伸、高橋幸子『自分を生きるための〈性〉のこと：性と生殖に関する健康と権利（SRHR）編』少年写真新聞社、2023年

北村邦夫『ティーンズボディブック（新版）』中央公論新社、2021年

樋上典子ほか著、高橋幸子医療監修『実践 包括的性教育 ―『国際セクシュアリティ教育ガイダンス』を活かす』エイデル研究所、2022年

フクチマミ、村瀬幸浩『おうち性教育はじめます：思春期と家族編』KADOKAWA、2022年

水野哲夫『人間と性の絵本3：思春期ってどんなとき？』大月書店、2021年

ユネスコ編、浅井春夫ほか訳『国際セクシュアリティ教育ガイダンス【改訂版】：科学的根拠に基づいたアプローチ』明石書店、2020年

高橋幸子（たかはし・さちこ）［監修・編著］

埼玉医科大学医学教育センター助教。産婦人科医。全国の小学校・中学校・高校で年間120回以上もの性教育の講演を行っている。おもな著書に『サッコ先生と！ からだこころ研究所』（リトルモア）、『自分を生きるための〈性〉のこと：SRHR編』（少年写真新聞社）、『12歳までに知っておきたい 男の子のための おうちでできる性教育』（日本文芸社）などがある。

●同時刊行
『中高生のための新しい性教育ワークブック』
性の多様性と人間関係編

中高生のための
新しい性教育ワークブック

からだの発達と生殖編

2024年7月30日　初版第1刷発行

監修・編著　高橋幸子
発行者　鈴木宣昭
発行所　学事出版株式会社
　　　　〒101-0051　東京都千代田区神田神保町1-2-5
　　　　電話　03-3518-9655
　　　　HPアドレス　https://www.gakuji.co.jp

企画／三上直樹
編集協力／狩生有希（株式会社桂樹社グループ）
執筆協力／前田登和子
キャラクターデザイン・カバーイラスト／小川かりん
本文イラスト／小川かりん、寺平京子
デザイン・装丁／中田聡美
印刷・製本／瞬報社写真印刷株式会社